被差別部落の生活

斎藤洋一

まえがき

　近世の信州で「かわらのもの」「かわた」「かわや」「ちょうり」「にわはき」「えた」などと呼ばれた人びと（これらの人びとを本書では、必要なとき以外は「近世部落の人びと」あるいは単に「部落の人びと」と呼ぶ）はどのような役割を担い、どのように生きてきたか、どのように差別され、どのように差別と闘ってきたか、そうしたことを具体的に知りたいと思ってこの二十数年調べ、考えてきた。

　なかでも、近世部落の人びとは地域社会でどのような役割を担っていたかということに関心を引かれた。そうした関心から調べ考えたことを、第一部「近世部落の人びとの役割を中心に」にまとめた。

　第一章では、信州の近世部落の人びとが「庭掃」と呼ばれ、寺社や城などの掃除に従事していたことを明らかにするとともに、それは部落の人びとが中世に寺社の掃除（清目）を担ったことに由来するのではないかと推測した。合わせて、近世中期以降の宗門改め帳に部落の人びとが「旦那」ではなく「庭掃」と記載された事実を検証するとともに、その意味を考えた。

　第二章では、部落の人びとが村・町の警備を担ったこと、それは命にかかわる危険な役割であったことを、幕末の中山道小田井宿における「無宿」捕り物から明らかにした。

　第三章では、信州小諸藩で近世後期に「敲《たたき》」刑が採用された経過と、その執行にあたって部落の人びとが「敲役（打役）」などを担ったことを明らかにした。合わせて、ここでも部落の人びとが命がけで村人を守る役割に従事していたことを明らかにした。

第四章では、部落の人びとが斃牛馬処理を担い、皮革業に従事したこと、また領主に対して「革役《かわやく》」を務めたことを概観し、その意味を考えた。

もう一つ、近世部落の人びとはどのような生活を営んでいたか、とりわけその生活基盤は何であったかということにも関心を引かれた。そうした関心から調べ考えたことを、第二部「近世部落の人びとの生活をめぐって」にまとめた。

第一章では、部落の人びとの居住地について検討し、部落の人びとが村・町の警備を担っていたことから、最終的には領主の許可をえなければならなかったが、自ら希望して他村へ引っ越すことができたこと、その移住先はかならずしも「生活条件の悪い地域」ではなかったことを明らかにした。しかし、そこは村・町の住民の居住地と、一線を画された場所であったことも明らかにした。

第二章では、信州の部落の人びとの生活において、「旦那場」からえられる「一把稲」の収入が大きなウエイトを占めていたことを明らかにした。

第三章では、「旦那場」「一把稲」について検討し、「一把稲」は旦那場住民による一方的な施しでもなければ、政治権力の強制によるものでもなく、部落の人びとがその職能を通じて地域社会をささえる一翼を担っていたことに対して供与されたものではなかったかと考えた。しかも、それは中世に由来するものではないかと推測した。

総じていえば、近世部落の人びとも地域社会の一員として、百姓や町人とは異なる分野・異なる仕方で地域社会をささえてきたこと、それにもかかわらず差別されたこと、そうしたことの一端は示すことができたのではないかと思っている。とはいえ、私の力不足から残された課題は多い。それは今後さらに追求したい。

なお本書は、大石慎三郎との共著『身分差別社会の真実』(講談社現代新書)で述べたことのいくつかについて、より具体的に述べたものといえる。本書の前提をなすものとして、今となっては不十分なところもあるが、合わせてお読みいただければ幸いである。

本書が、部落史を知りたい、解明したいと願っている人びとの参考になり、議論が深められるきっかけになればうれしく思う。

＊本文では、藤沢靖介『部落の歴史像』の用語法にしたがい、近現代の被差別部落と区別するために、近世のそれを「近世部落」と呼んでいます(部落と略すこともあります)。

目次

被差別部落の生活

はじめに——信州の近世部落の概要と特徴——

信州の近世部落史は、『信濃史料』『長野県史』の編纂に従事した故塚田（旧姓万羽）正朋が、戦後早くから精力的に研究を進めた。その成果は一九八六年に『近世部落史の研究—信州の具体像—』（以下、塚田と略記する）としてまとめられた。ここでは、信州の近世部落の「形成」「成立」「推移と差別の強化」から「身分制の撤廃・解放令」までが論じられている。これによって信州の近世部落の概略がほぼ明らかにされたといえる。

塚田の後を追って、長野県東信地方をフィールドとして精力的に研究を進めたのが尾崎行也である。その成果は、一九八二年に『信州被差別部落の史的研究』（以下、尾崎と略記する）としてまとめられた。これによって小諸藩・上田藩など東信地方の近世部落史が詳細に明らかにされた。なお東信地方とは、長野県の地域区分の一つで、現在の佐久市・小諸市・南佐久郡・北佐久郡・小県郡・上田市・東御市（近世の佐久郡・小県郡）をいう。

この二人が、信州の近世部落史研究を大きく前進させたが、このほかの人びとによってもそれぞれの地域の研究が進められた。また長野県においては、『長野県史』や市町村史（誌）が正面から部落史に取り組んでいることも特筆される。さらに、長野県内のいくつかの市町村では独自に部落史を編纂したり、史（資）料集を発行したりしている。長野県同和教育推進協議会などの団体が部落史を調査し、まとめたものもある。これらも貴重な成果といえる。

本書はこれら先学の研究成果、とりわけ塚田・尾崎の成果に多くを負っていることを最初に明記し、感謝する。

ここでは、これら先学の研究成果から、本書の前提となる信州の近世部落の概要と特徴を見ておきたい。最初に要点を列挙すると、次のとおりである。

一、長野県の被差別部落は小規模で、多数存在した。近世部落は、それよりさらに小規模であった（小規模散在）。

二、長野県の被差別部落は、東北信に多く、中信がそれにつぎ、南信は少ない。これは近世部落も同様であった。

三、信州の「えた」身分の人口は、近世中期以降おおむね増加している。明治時代初期の「えた」「ひにん」身分の人口は、全人口の一パーセントぐらいと推定される。

四、信州の近世部落の集住地は、城下町など幕藩権力の所在地、宿場、中世に栄えた寺社の門前、中世に小領主の館などがあったところ（そこは定期市が立つ交通の要地でもあった）が多い。

五、城下町へは、近世初頭の城下町建設時に移住させられ、各藩では「頭《かしら》」が任命された。各藩の部落の人びとは「頭」に統率された。近世中期以降、「頭」と配下の部落の人びととの間で対立・抗争が見られるようになる。

六、近世前期の史料には、「かわらのもの」「かわた」「かわや」「にわはき」「ちょうり」「ゑつた」などが見られる。「穢多」記載が見られるようになるのは、一七世紀後半からである。

七、信州の諸藩は、近世中期の元文三年（一七三八）ごろから、「えた」「ひにん」身分の規制・取り締まりを強化する。

以下、この一～七について、もう少しくわしく見ておこう。

〈一について〉

まず被差別部落が小規模で、多数存在したことに関してであるが、信州の近世部落の数・人数などの正確な把握はまだできていない。そこで塚田も尾崎も、同和対策審議会が一九六三年に実施した「同和地区全国基礎調査」の長野県分から、近世部落のあり方を推測している。この調査結果には、塚田が指摘しているように、どこまで正確に被差別部落を把握することができているか疑問がある。また、近世から一九六三年にいたる間には、当然さまざまな時代的変化があったから、この調査結果がそのまま近世部落のあり方を示しているわけでもない。しかし、およその傾向を知ることはできよう。

塚田によれば、その調査結果は次のとおりである。

部落総数は二六六か所の多数にのぼる。だが、その九〇％、二三九か所は四〇世帯以下であり、しかも二〇世帯以下という部落が約七〇％の一八五か所を占めている。三桁台の世帯数をもつ部落は、それも二〇〇未満なのだが、わずかに二か所にすぎない。その一つが県下最大の小諸市加増部落である。

このように小規模な多数の部落が各地に散在するが、市部では岡谷市を除く一六市(長野・須坂・飯山・中野・更埴＝以上北信、上田・小諸・佐久＝東信、諏訪・茅野・伊那・駒ヶ根・飯田＝南信、松本・塩尻・大町＝中信)に、郡部では木曽郡を除く一五郡(上水内・下水内・上高井・下高井・更級・埴科＝以上北信、小県・南佐久・北佐久＝東信、諏訪・上伊那・下伊那＝南信、東筑摩・南安曇・北安曇＝中信)に分布しているのである。もって県下部落の小規模・散在性のほどが察せられよう。

このように小規模な被差別部落が多数存在していること(「小規模散在」)が、長野県の被差別部落の特徴の一つといえる。なお、ここでは岡谷市と木曽郡には被差別部落が存在しないとされているが、近世の現岡谷市域・木曽郡域に「えた」と呼ばれた人びとが存在したことは井ケ田良治・斎藤洋一(二〇〇三a)・古沢友三郎などによって指摘されている。

この「小規模散在」という長野県の被差別部落の特徴は、近世にさかのぼっても変わらない。いや、近世部落の規模はこれよりさらに小規模であった。

＜二について＞

右の調査によれば、長野県のほぼ全域に被差別部落が存在していることになるが、その集住地は地域

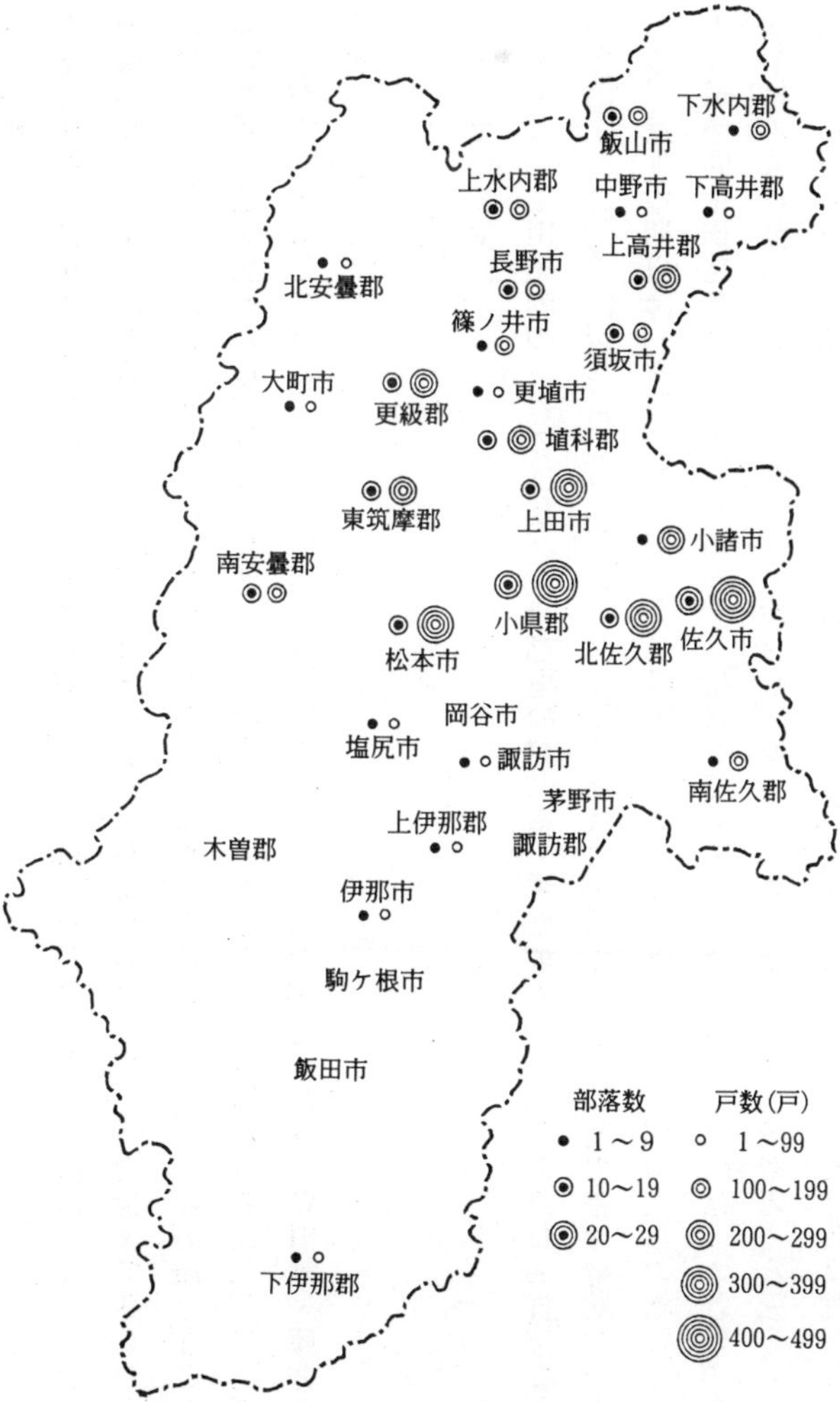

〔註〕『同和地区全国基礎調査』長野県内分による。

長野県郡市別部落数および戸数分布図（昭和38年）
（尾崎行也『信州被差別部落の史的研究』より転載）

的にかたよりがある。尾崎が作成した「長野県郡市別部落数および戸数分布図」を見ると、それがはっきりわかる。

見られるとおり被差別部落は東信・北信が多く、中信がそれにつぎ、南信は少ない。なぜこのような地域的なかたよりがあるのか、その理由はまだよくわからない。ただし、近世までさかのぼると、南信には「えた」と呼ばれた人びとは少なかったが、「夷職」「ささら」「猿ひき」「万歳」などと呼ばれた民間宗教者・芸能民系の被差別民が比較的多く存在していたことは、西田かほる（二〇〇三）・鈴木ゆり子らが明らかにしている。なお、甲州や東海地方にも同じ傾向が見られる（和田勉・藤井寿一・西田かほる〈二〇〇二〉）。

〈三について〉

塚田は、上田領内の戸口の推移、更級郡塩崎村部落・筑摩郡青柳村部落の戸口の推移などを検討して、「（全国的な動向と同様）信州においても、藩領・地域によって多少の程度の差や時期的のずれがあるにしろ、近世中期以降、人口全般—主として農家人口の停滞傾向に対して部落人口の増加という人口動態の共通傾向を推定できるのではないか」と指摘している。これに対して尾崎は、これらの事例に佐久郡加増村の人口動態を加えてより詳細に検討し、増加一方ではなく、近世後期の一八三〇〜五〇年ごろに「どの場合も停滞、減少」することを指摘している。後述するように、これは佐久郡五郎兵衛新田村部落（斎藤一九八七）や佐久郡八重原村部落（柳沢恵二）の事例でも確認される。もっとも、青柳村以外

郵便はがき

料金受取人払

麹町局承認

3569

差出有効期間
平成18年10月
30日まで

102-8790

104

東京都千代田区飯田橋4-4-8
東京中央ビル406

株式会社 **同成社**

読者カード係 行

ご購読ありがとうございます。このハガキをお送りくださった方には今後小社の出版案内を差し上げます。また、出版案内の送付を希望されない場合は右記□欄にチェックを入れてご返送ください。 □

お名前《ふりがな》　　　　歳　　男・女

〒　　　　TEL

ご住所

ご職業

お読みになっている新聞・雑誌名

〔新聞名〕　　　　〔雑誌名〕

お買上げ書店名

〔市町村〕　　　　〔書店名〕

愛 読 者 カ ー ド

お買上の
タイトル

本書の出版を何でお知りになりましたか？

イ．書店で　　ロ．新聞・雑誌の広告で（誌名　　　　）

ハ．人に勧められて　　ニ．書評・紹介記事をみて（誌名　　　　）

ホ．その他（　　　　）

この本についてのご感想・ご意見をお書き下さい。

注 文 書

年　　月　　日

書　名	税込価格	冊　数

★お支払いは代金引き替えの着払いでお願いいたします。また、注文書籍の合計金額（税込価格）が10,000円未満のときは荷造送料として380円をご負担いただき、10,000円を越える場合は無料です。

同成社江戸時代史叢書

〒102-0072 東京都千代田区飯田橋4-4-8 東京中央ビル
Tel. 03-3239-1467 Fax. 03-3239-1466　振替00140-0-20618
http://homepage3.nifty.com/douseisha/　E-mail:douseisha@nifty.com
2005. 10

①江戸幕府の代官群像
村上　直著
四六判　二六六頁　二四一五円
（97・1）

江戸時代史研究の第一人者である著者が、特定の郡代・代官に視点を据え、江戸幕府の地方行政官たちが、殖産興業を含めた民政をどのように推し進めていったのかを明らかにしていく。

②江戸幕府の政治と人物
村上　直著
四六判　二六六頁　二四一五円
（97・4）

幕府の政治方針はどのようなしくみで決定され、そして直轄領や諸藩の庶民に浸透していったのか。本書は、江戸幕府の政治とそれを担った人々を将軍や幕閣と地方行政の面から考察する。

③将軍の鷹狩り
根崎光男著
四六判　二三四頁　二六二五円
（99・8）

江戸幕府の将軍がおこなった鷹狩りを検証し、政治的儀礼としての色彩を強めていった放鷹制度や、それを通じて築かれた社会関係の全体的輪郭と変遷を描き出した、いわば鷹狩りの社会史である。

④江戸の火事
黒木　喬著
四六判　二五〇頁　二六二五円
（99・12）

火事と喧嘩は江戸の華。世界にも類を見ないほどに多発した火災をとおして、江戸という都市の織りなす環境、武士の都としての特異な行政、そしてそこに生きる江戸市民の生活を浮き彫りにする。

⑤芭蕉と江戸の町
横浜文孝著
四六判　一九四頁　二三一〇円
（00・5）

延宝八年（一六八〇）秋、芭蕉は深川に居を移す。諸説と異なり、その事情を火災に見出す著者は、災害をとおしてみた江戸を描くことによって、芭蕉の深層世界に迫ろうと試みる。

⑥宿場と飯盛女
宇佐美ミサ子著
四六判　二三四頁　二六二五円
（00・8）

江戸時代、宿場で売娼の役割をになわされた飯盛女（めしもりおんな）たち。その生活と買売春の実態に迫り、彼女たちが宿駅制の維持にいかに利用されたのかを「女性の目線」からとらえる。

は「停滞、減少」の後再び増加に転じるので、全体として見れば近世部落の人口は増加したといってよいであろうが、信州の場合は増加一方ではなく「停滞、減少」する時期があることに注意する必要があろう。なお塚田はこの増加を、「自然増加の結果が主」と指摘している。指摘のとおりであろう。

それでは、「えた」「ひにん」の人口は全体のなかでどのくらいを占めていただろうか。青木孝寿（一九八二）は、明治二年（一八六九）と推定される「藩制一覧」から信州諸藩の「穢多・非人の戸数・人数」を表にして掲げ、次のように述べている。

「藩制一覧」には、穢多・非人別戸口の欠けているものや合計して記載してあるものもあるので正確な実数は不明であるが、穢多・非人の戸口は、九四三戸、五八九六人（穢多・非人のいた龍岡藩の戸口不明）である。これは全体のそれぞれ〇・七%、一・〇%に当たる。概数はこの程度であったであろう。なお穢多・非人の人口割合は八五対一五であり、穢多人口はそれでも五千人に満たなかった。以上の数字は信州諸藩の分で、旧天領・旗本領を含まない。それを含めると穢多・非人人口はおそらく九千人～一万人の間であろう。明治十年長野県の人口は九七万七千人であるから、維新期はこれより少し少なかったとみられ、その一%とすると九千人台となる。

明治時代初期の「えた」「ひにん」人口は、全体の一パーセントぐらいだったというのが青木の推測で、「えた」「ひにん」人口が非常に少なかったことがわかる。ただし、これは全人口に占める割合であり、実際には「えた」「ひにん」身分の人びとが居住していない町村のほうが数としては多かったから、「えた」「ひにん」身分の人びとが居住している町村での割合は、これより高かった。それでも圧倒的に少数であったことはまちがいない。また、「えた」身分と「ひにん」身分との人口割合は、八五対一五ということだから、「ひにん」人口が非常に少なかったこともわかる。

〈四について〉

それでは近世部落の人びとは、どのようなところに集住していただろうか。塚田が「長野県下部落の分布」を次の四つに大別したと、尾崎がまとめている。

Ⅰ　城下町・陣屋あるいは代官所等の所在地にある部落
Ⅱ　街道沿いの宿場にある部落
Ⅲ　近世後半の新設部落
Ⅳ　中世に繁栄した寺社の門前・定期市・地方小領主館と関連した部落

長野県では、近世部落の集住地は長らくこの四つで理解されてきた。私もこれまで、塚田・尾崎にしたがってこのように理解してきた。しかし、今回あらためてこの四つを見直して、二つ疑問を抱いた。一つは、Ⅲの「近世後半の新設部落」というのは、集住地を示していないことである。したがって、ⅠⅡⅣとⅢを同列に並べるのは適切ではないと思った。二つは、Ⅳには「寺社の門前」「定期市」「地方小領主館と関連した部落」が一括されているが、これらは性格の異なるものだから、別個に項目を立てたほうがよいのではないかと思った。「中世」に由来するという点では共通しているにしても。

そこで、塚田がどのように述べているか見たところ、塚田が右のことを明確に述べたところは見つからなかった。ただ、「類型」という言葉を使っているから、右の四つに類型化できると考えていたと思われる。そのうち、ⅠⅡについては次のように述べている。

信州における近世部落の成立をたどってみると、一つは、中世末期から近世初頭にかけてみられた城下における「かわた町」の形成を原型とする、幕藩権力やその出先機関所在地の部落、もう一つは、これまた近世初頭、主要街道の開設・整備にともなって設置された「長吏屋敷」に遡る部落、この両者がきわめて多く、顕著なことである。その共通点は、いずれも幕藩権力の政策に出るものであり、この点では「その他」に例示した領界地帯への長吏配置も同じである。

このように、幕藩権力の所在地と、宿場に部落の人びとが集住していることが多いと述べている。このこと自体は誤りではないが、これを自明のことのように「幕藩権力の政策に出るもの」としている点には疑問を感じた。というのは、塚田自身がこの二つとは別に、次のようなところ（Ⅳ）にも部落の人びとが集住していたと述べているからである。

中世、ことに末期における賤民としての「かわた（や）」「河原ノ者」「庭掃」等は、善光寺・戸隠神社・穂高神社の例にみるように、中世に栄えた寺社の門前、地方の豪族である小領主の館町、そこは定期市の立つ所でもあるが、また定期市の立つ交通の要地や郷村に定住して、それも小領主からは、作業場を含む屋敷地と若干の田畠をあたえられて定住し、皮革や皮製品の製作にあたっていたものと考えられる。

これは中世末期のことを述べたものだが、別のところではこうしたところにその後も部落の人びとが集住していたと述べている。ここで塚田が述べているように、信州の部落は中世に栄えた寺社の門前や、中世末期に小領主の館などがあったところ（そこは「定期市の立つ交通の要地」でもあった）に存在していることが多い。これは「幕藩権力の政策に出るもの」とはいえず、すでにそれ以前から存在していたことになる。そうすると宿場も交通の要地だから、一概に「幕藩権力の政策に出るもの」とはいえないのではないだろうか。

このように見てくると、部落の集住地を右の四つに類型化することはできないが、近世部落の人びとの集住地が、城下町・陣屋所在地などの幕藩権力の所在地（領地境などに配置された部落も含めて）、宿場、中世に栄えた寺社の門前、中世末期に小領主の館などがあったところ（そこは「定期市の立つ交通の要地」でもあった）に多い、ということはいえよう。

〈五について〉

信州には大藩はなく、幕末段階で一番大きな藩が松代藩一〇万石で、以下本書によく出てくる藩では松本藩が六万石、上田藩が五万三千石、飯山藩が二万石、岩村田藩・小諸藩が一万五千石であった。信州ではこれらの藩領と、旗本領・寺社領・天領とが入り組んで存在していた。なお、天領では中野・中之条（元は坂木）・御影・飯島などに陣屋（代官所）があった。

このうち諸藩領では、近世初期の城下町形成時に領内の「かわた」「かわや」「ちょうり」と呼ばれた人びとが、城下町へ移住させられていることを塚田が明らかにしている。たとえば松本藩では、領主小笠原貞慶が天正一六年（一五八八）四月と八月に安曇・筑摩両郡のかわたへ触れを出して、松本へ引っ越すように督促し、「かわた町」を整備するよう命じている。また、天正一八年（一五九〇）には、貞慶に替わった石川数正が、それまで「かわた棟梁」と呼ばれていた彦七を、「かわた頭」に任命している。なお、これによれば彦七は「かわた頭」に任命される以前は「かわた棟梁」と呼ばれていたということだから、すでにこれ以前から集団の「頭」的存在であったことになる。集団の「頭」的存在が近世以前から存在していたことに注意しておきたい。以後、彦七とその子孫が松本藩領の部落の「頭」として部落の人びとを統率することになる。

海津（松代）藩では、慶長三年（一五九八）に領主田丸直昌が「かわや物頭」孫六へあてた文書から、孫六は海津城下の一郭である荒神町（北国街道の東出入口）へ居屋敷を扶助されて、城下郊外の東条の地から一族を引き連れて移住したと推測されている。以後、孫六とその子孫が松代藩領の部落の「頭」として部落の人びとを統率することになる。

小諸藩の場合は、領内から城下町へ移住させられたのではなく、城下の拡張にともなって「ちょうり」が、それまで住んでいた城下町の荒町から、蛇堀川をへだてた加増の地（「向町」と呼ばれるが、正式な地名ではない）へ移住させられている。近世初期の史料では、弥右衛門あるいは半右衛門が部落の人びとの「頭」を務めていたと見られる。

上田藩の場合は、城下町の形成時から少し後の慶安二年（一六四九）に本海野や常田の「かわた」「にわはき」が、城下北西の諏訪部（北国街道の出入口）へ移住させられている。そして本海野から移住してきた「かわた」小十郎が頭筋になっている。

このように信州の諸藩では、おおむね城下町形成時に「かわた」「かわや」「ちょうり」などと呼ばれた人びとの一部が城下町へ移住させられ、そのなかから藩領全体の「頭」が任命され、領内の部落の人びとを統率した。このさい、商人・職人も城下町へ呼び寄せられ、町割りが行われたが、部落の人びとへ割り当てられたのは城下町の出入口の一郭（正確にいうと城下町の外）であった。

なお、近世中期以降各藩で、「頭」あるいは「頭」に与する人びとと、配下の部落の人びととの間で、「頭」の権益や統率の仕方などをめぐってしばしば対立・抗争が起こったことが、塚田・尾崎らによって明らかにされている。

＜六について＞

塚田は、近世初頭に「かわた（や）」「河原ノ者」「庭掃」「ゑった」等と呼ばれていた人びとが、「『穢多』の公式身分呼称（以下公称）に統一されるのはいつごろであろうか」と問題を立て、松本藩・松代藩・小諸藩・上田藩・飯田藩について、以下のように述べている。

なお、その前に一言しておくと、塚田はここで漢字の「穢多」を「公式身分呼称（公称）」としているが、幕府が「穢多」を「公式身分呼称」とすると触れたような事実はないのではないだろうか。幕府が「穢多」という呼称を使うようになったことから、諸藩もそれに従い、事実上公称のようになったのではないかと思われる。そして、そういう意味では信州の諸藩も、次に見るようにまさにそのとおりになっている。

ただし、それはかならずしも庶民レベルにまでは浸透しなかったと私は見ている。というのは、信州の庶民レベルでは圧倒的に「ちょうり」(本来の漢字は「長吏」であるが「町離」という漢字をあてた史料が多い) 呼称が使われていることが多いからである。のみならず近代においても長野県では「ちょうり」、あるいはそれをさらに悪くいった「ちょうりっぽ」が被差別部落の人びとに対する蔑称として使われているからである。なお、藤本清二郎 (一九八三) によれば、広島藩では「穢多」呼称はほとんど用いられず、『革田』『かわた』が公称であった」という。

さて、塚田によれば信州において「穢多」呼称がもっとも早く見られるのは松本藩で、延宝二年 (一六七四) の「松本御領分人数覚」に「外に　四百三十六人　内男二百三十一人　女二百五人　穢多」と記されているという。

松代藩については、寛文六年 (一六六六) の領内総検地 (指出) のさいの検地帳の最末尾に「ゑった分」として所有田畑・新田畑が合計して書き上げられていることをあげて、「公称の『穢多』へは、あと一歩であった」と述べている。右に見たように塚田は漢字の「穢多」を公称ととらえているから、ひらがなの「ゑった」と区別しているが、「ゑった」と「穢多」とにどれほどのちがいがあるのだろうか。

小諸藩については、尾崎の研究によると天和二年 (一六八二) の「信州小諸領加増御指出」に「穢多屋敷」「穢多分」が見られるが、その後も「町離」呼称が主であったと述べ、「公称『穢多』が小諸藩で一般化するのは、さらに下った一七一五 (正徳五) 年」ころである、と述べている。

上田藩については、「公称『穢多』が初めてみられるのは一七〇六（宝永三）年、出石領主松平忠周が上田領に転封になって、領内から差し出させた『村々明細帳』で」、その最末尾に「穢多」と記されているという。

飯田藩については、墨谷勇夫の研究から、「『かわた』から『穢多』への呼称の転換は元禄年間とみられている」と述べている。

以上、塚田の研究から信州の諸藩において、「穢多」という呼称が使われるようになるのは早い藩で一七世紀後半以降、遅い藩では一八世紀に入ってからであることを見てきた。なお、ここで塚田は飯山藩については述べていないが、飯山藩については原滋が、宝永三年（一七〇六）の「尾崎村諸色差出帳」や正徳元年（一七一一）の「穴田村指出帳」に「穢多屋敷」と記されていることなどをあげ、「一七世紀後半に（寛文九年を中心とした時期）、前代から配置されていた『かわや』『かわた』が、穢多として統一的に再編されたことが推定できる」と述べている。これらのことから信州では、「穢多」という呼称が見られるのは、一七世紀後半からであると結論づけてよいと思われる。

＜七について＞

塚田は、「信州に現存するもっともはやい身分規制史料」は、「松本藩の『非人取締達』にたいする元文三（一七三八）年三月の請書である」として、その一部を紹介している。また、同年閏四月に岩村田藩が出した「穢多共取締達」を、「はやい時期の身分規制令として、きわめて詳細かつ具体的で注目を要するもの」として、全文を紹介している。さらに、幕府が安永七年（一七七八）一〇月に出した「達」に先立つものとして、延享五年（一七四八＝寛延元年）に幕府の坂木代官所が出した「廻状」を紹介している。

これを受けて尾崎は、小諸藩でも元文三年に「部落の規則・取締を達した」として、その全文を紹介している。また、奥殿藩が「部落に対する基本的施策を明文化して示したのは、元文三年（一七三八）六月のことであった」として、その「申し渡し」の全文と、それに対する佐久郡上村の「えた」身分の人びと九名の「請書」を紹介している。ただし、上田藩に関しては、小諸藩・岩村田藩・奥殿藩の「部落取締令」に「相当するものはこれまでに見出されていない」としている。

これによって信州では、いくつかの藩で近世中期の元文三年に「えた」「ひにん」を規制・取締り対象とした法令が出されたことがわかる。もちろん、これ以前にも規制・取締り対象にされていなかったわけではないが、それがここで明文化された意味は重いといえよう。信州ではこのころから差別が一段と強化されたといってよいであろう。

以上、信州の近世部落の概要と特徴を見てきた。このほかにも明らかにされたことは多いが、必要なことは本文でふれることにして、本題に入ることにしたい。

第一部　近世部落の人びとの役割を中心に

近世部落の人びとが斃牛馬の処理や処刑役などに従事したことから、「近世部落の人びとは人の嫌がる仕事を強制された」とする理解が、かつて広く見られた。しかし近年、このような理解に疑問が出されている。たとえば藤沢靖介（二〇〇一）は、「皮革などの専業を、『人の嫌がるもの』と規定してよいのだろうか。それは、価値の低いものなのだろうか」と疑問を投げかけている。

藤沢に賛成である。右の理解には第一に、特定の「仕事」を「人の嫌がる仕事」とする問題がある。たとえば、現在もわが国には死刑制度があり、死刑が執行されている。ということは、現在も死刑を執行している人びとが存在していることになろう。それを「人の嫌がる仕事」といわれたら、それに従事している人びとはどう思うだろうか。

第二に、事実として、人びとが従事することを「嫌がる仕事」がないわけではない。たとえば湯本軍一によれば、信州中野天領では牢守と配下の部落の人びとが「太刀取」（死刑執行役）を押しつけあっている。「太刀取」に従事することが「嫌だった」からだと考えられる。ただ、最初からそうだったかというと、それには検討の余地がある。というのは、藤本清二郎（一九八三）によれば広島藩では、「科人処刑は領主の権威が示される機会（＝「御成敗」）であり、執行は名誉ある行為であったが、一八世紀になって価値観は転換して、死罪行刑は嫌悪・憎悪の対象となり、その感情は執刀者と人押などのかわたに集中されるようになった」という。つまり広島藩では一七〇〇年前後に「価値観が転換」して、それまで「名誉ある行為」とされていた処刑役が「嫌悪・憎悪の対象」となり、これに連動して処刑役が、「藩士」から「かわた」へ転嫁されたらしいのである。いいかえれば、「価値観が転換」することによって、処刑役が「嫌悪・憎悪の対象」とされたのだから、処刑役を最初から「人の嫌がる仕事」だったとすることは妥当ではない。問題は、「価値観」であり、「価値観」が変化することによって「仕事」にたいする見方も変化することを考えなければならない。

ちなみに、阿部謹也によれば、ヨーロッパでもかつては「『処刑』の執行は神聖な儀式」だった。ところが、「一二、三世紀以降それは変貌し」「処刑は一般の名誉ある市民のかかわることがらではなく、賤しい人々がなすべき行為と意識され」るようになったという。そして、それにはキリスト教の浸透、都市の成立などがかかわっていたと考えられている。ここでも「価値観」が変化したことによって、処刑の見方が変化したのである。

なお、処刑役のことを述べたので一言しておくと、部落の人びとは処刑役に従事したから差別されたといわれることがある。しかし、右に見たように武士も処刑役に従事していたのである。これは広島藩だけのことではなく、幕府や諸藩でもそうだった。では、それらの武士は差別されたかといえば、基本的には差別されなかった。したがって、部落の人びとは処刑役に従事したから差別されたという説明は、説明になっていないといえよう。

第三に、近世部落の人びとが従事した「仕事」を「強制された」ととらえてよいか、という問題がある。このようなとらえ方は、部落の人びとを受動的な存在と見る見方から生じているように思われる。しかし、部落の人びとは、ただ受動的なだけの存在だったのだろうか。このようなとらえ方には、部落の人びとを自立的・能動的な存在と見る見方が欠けているように思われる。

このように「近世部落の人びとは人の嫌がる仕事を強制された」とする理解には、疑問がある。では、どう考えたらよいかということになるが、ここで全面的にそれを検討する用意はない。ここでは、こうしたことを考える前提として、そもそも近世部落の人びとはどのような役割を担っていたか、それにはどういう意味があったかということを、いくつかの役割について見てみたい。なお、本来ならここで部落の人びとが従事した生業についても見なければならないのだが、そこまでは及ばなかった。ちなみに、部落の人びとと密接に結びついていた「医薬業」に関しては、以前検討したことがあるので、参照していただけたらさいわいである（斎藤二〇〇三b）。

それでは、近世部落の人びとは全国各地でどのような役割に従事していたかというと、これまでの研究によって斃牛馬の処理、絆綱《はづな》などの皮革製品の領主への上納（革役）、寺社や城などの掃除、村・町や野・林・山・水などの番、犯罪人の捜索、百姓一揆の鎮圧、牢番、処刑もしくはその手伝い、などに従事したことが明らかにされている。ただし、地域によっては「ひにん」「ささら」「とうない」「ちゃせん」「はちや」などと呼ばれた人びとが、警備や掃除・処刑などに従事したとされている。

では、信州ではどうだったか。塚田・尾崎らによって、信州でも近世部落の人びとがおおむね右の役割に従事していたことが明らかにされている。なかでも信州では、村・町の警備がおもな役割であったとされている。

このことに異論はないが、考えるべきことがまだ残されているように思われる。ここでは、これらのうち次の四つについて見てみたい。

一章では、「庭掃」という呼称を手がかりに掃除について見る。合わせて、本題からはそれるが、近世中期以降の宗門改め帳に見られる「庭掃」記載についても見る。

二章では、警備役がどのように遂行されていたか、その一例を見る。

三章では、処刑役の一つである「敲」役について、小諸藩の事例を見る。これとの関連で、村の警備がどのように遂行されていたか、その一例も見る。

四章では、部落の人びとの代表的な役割でありながら、信州では史料が少ないために研究が進んでいない斃牛馬処理・皮革業と革役について見る。

なお、牢番役についてはここで見ることができなかったが、これについては天領中野陣屋の事例を検討した湯本軍一の詳細な研究がある。また、百姓一揆の鎮圧に関しては、拙稿「『えた』身分と一揆」(二〇〇〇)で検討したことがある。

第一章 掃　除 ――「庭掃」呼称から――

一 掃除をめぐって

近世部落の人びとだけでなく、そのほかの呼称で呼ばれて差別された人びと、さらに中世に差別された人びとも掃除に従事したことは、すでによく知られている。『部落史用語辞典』の「掃除役」という項目（辻ミチ子執筆）に、このことが要領よくまとめられているので、まずそれを見よう。

冒頭には「(掃除役は）中・近世、賤民身分の者に課せられた、庭園・社寺境内・城郭・牢獄などの掃除をする役」と述べられ、末尾には「中世以来、『掃除』の語には死牛馬の処理が含まれているので、近世では死牛馬処理権を『掃除株』と呼んでいる」と述べられている。「掃除」という語には、斃牛馬の処理が含まれているという指摘が注目されよう。

以下、「掃除役」から大事だと思われることを抜き書きする。

①「掃除の職制」は平安時代に始まる。

②平安中期から中世にかけて「宮中や京路の掃除」は検非違使庁の固有の職掌となった。

③「中世には権門・社寺は自己に隷属する神人などに所領内の掃除をさせた」。祇園社の「犬神人」が「境内の清掃、祇園会神幸路の清掃から、市中の清掃、死体処理にまでおよんだ」のは、その一例である。
④鎌倉末期には、散所掃除法師集団は検非違使庁の管轄下にあったが、「権門社寺に専属の形をとる者も出てきた」。
⑤「室町時代から江戸時代にかけて、禁裏庭園の掃除に携わった者は小法師」と称した。
⑥「南北朝末期には散所掃除法師集団は侍所の管轄下に入った」。
⑦「大永三年（一五二三）相模の芸能勧進の長吏職をめぐる争いで、長吏職を罷免された者の同族が、鶴岡八幡宮の掃除役を認められた」。
⑧近世初頭、「役負担によって賤民の人身的従属関係が確立し」たが、「その役負担に皮革、牢屋番・行刑役などとともに掃除役があった」。
⑨「掃除役は皮多・藤内・掃除・非人長吏など地域によって雑多な名称をもつ賤民身分の者が、本来の生業と関係なく、領主側の必要に応じて負担させられた」。京都の下村家が二条城掃除役を務めたのはその一例である。
⑩「加賀藩では、元和三年（一六一七）藤内の『役』として御城中廻りの掃除、馬場の掃除が課せられた」。それは四、五年後に免除になったが、その後も「掃除の者」と呼ばれた。
⑪紀伊藩では、天正一三年（一五八五）に「又五郎という者が大坂城の掃除役と牢番役を課せられ」

た。その後「掃除頭の職掌が掃除より牢番に重点が移り、掃除頭は牢番頭と呼ばれるようになった」。

長い引用になってしまったが、中世には被差別民が検非違使庁や侍所の管轄下にあって掃除に従事したり、権門・社寺から命じられて掃除に従事したこと、近世には「皮多・藤内・掃除・非人長吏」などと呼ばれた人びとが領主から掃除役を課されたことがわかる。なおこのうち、徳島で文字どおり「掃除」と呼ばれた人びとに関しては、高橋啓が検討している。高橋は、「掃除」という呼称は「死穢の処理を含む掃除役に因るものと考えられる」と指摘している。

ただ、『部落史用語辞典』では「掃除役」と立項されているが、「役」というと政治権力から課されたものを意味すると、私は理解している。しかし、右に見たように、掃除には政治権力から課されたものと、権門・社寺から課されたものとがあるから、これを「掃除役」と一括することには疑問を感じている(辻は、役という語に「　」をつけて注意を払っているが)。

また、本章とのかかわりでいえば、⑦の「長吏職を罷免された者の同族が、鶴岡八幡宮の掃除役を認められた」という記述が注目される。畿内だけでなく、中世の東国においても被差別民が神社の掃除に従事していたことが知られるからである。もっとも、石井進によれば、このことを伝える史料は偽文書らしい。とはいえ石井は、こうした事実があったことまでは否定していない。

それどころか石井は、現在は鎌倉御霊神社の例祭で行われている「面掛け行列」が「非人面行列」とも呼ばれたこと、この「面掛け行列」は江戸時代までは鶴岡八幡宮の例祭で行われていたこと、その行列の先頭には極楽寺村の「長吏」が「烏帽子素袍」姿で立っていたことを述べたうえで、永田衡吉の研究を紹介している。すなわち永田がその著『神奈川県民俗芸能史』のなかで、「『非人面行列』の名称は『非人頭（長吏）が管理していた仮面の行列』という意味に解釈できる」と述べ、さらに「『鎌倉の芸能史を考究する上で』極楽寺の長吏のことは『看過できない』として、常時は鶴岡八幡宮境内の掃除や雑用をするとともに、祭りの晴れの役と境内の興行権を与えられて収入源とした点、全国の社寺と散所に共通する関係だといっておられます」という。鎌倉の「非人」あるいは「長吏」と呼ばれた人びとが、中世以来鶴岡八幡宮の掃除に従事してきたことは、ほぼまちがいないのではないだろうか。

これまでのところで、中・近世の被差別民が「庭園・社寺境内・城郭・牢獄」、さらには道路などの掃除に従事していたことがわかったが、本章とのかかわりでもう一つ見ておかなければならないことがある。そうした人びとのなかに「庭掃」あるいは「庭払」と呼ばれた人びとがいたことである。すなわち丹生谷哲一（一九八六）によれば、『為房卿記』の高陽院装束始の記載から「一二世紀初頭という早い時点で、特定寺院に、『庭掃』なる伽藍掃除のための職能的身分が成立していたこと」がわかるという。また、この「庭掃」は「御所庭払」「散所掃除法師」「散所非人」と同じと考えられ、その本務は「キヨメ」であったともいう。さらに『醍醐雑事記』から、一二世紀中ごろには「清目」が皮製の馬具と草履を上納するとともに、掃除に従事していたことがわかるとし、「その存在形態は、のちの河原者と全く一致して」いるとも指摘している。そして、この「清目」は、「寛元二年（一二四四）の興福寺の奈良坂非人等陳状案に『清水寺一伽藍之清目』『本寺重役清目之非人』とあるものの先駆的形態を示している、と考えられる」とも述べている。

これによって中世前期には「庭掃」「庭払」と呼ばれる、掃除に従事する人びとがいたことが知られる。それでは、中世後期にはどうであったろうか。丹生谷は「庭掃は中世後期には『御庭掃除之清目丸』『御庭者』として現われ」ていると述べている。このうち「関白二条殿の御庭掃除の清目丸」に対して、「丹州之庭掃」とも記されている「細工三郎九郎なる者」が願い事をしていることも紹介している。このことから地方（丹州）にも「庭掃」と呼ばれた人びとが存在していたことがわかる。また、「庭者」は「庭作り」としてよく知られているが、掃除にも従事したことになる。

ところで丹生谷は、別の著書（二〇〇五）で、「広義の非人」（中世の被差別民）を特徴づけているのは「中世特有のケガレ観念と結びついたキヨメ機能であった」とし、「禁裏・寺社など聖なる場の清掃（河原者・散所・犬神人）、葬送・斃牛馬処理などの死穢（坂非人・悲田院非人・河原者）、禁獄・処刑などの罪穢（獄囚・河原者）は、すべてこうした存在とみられる」と述べている。つまり清掃＝掃除は、たんなる掃除ではなく、ケガレをキヨメるためのものであったことになる。ちなみに処刑も、ケガレをキヨメるものだった。

それでは「庭者」は、近世にはどうなったであろうか。川嶋将生によれば、「江戸時代初頭には、河原者としての庭者がまだ十分に活動の場を確保していた」という。しかし、寛文五年（一六六五）には「樹木の手入れはもはや河原者など賤民の独占物でなくなっていた」というから、近世前期中に次第に活動の場を失っていったことになろう。

二　信州の「庭掃」

右に見たように、畿内では「庭掃」あるいは「庭者」という呼称は、近世前期に次第に見られなくなっていくようだが、信州では主として近世前期の史料に、「庭掃」と肩書されたり、「庭掃」と自称した史料がいくつか見られる。それを見てみよう。

〔事例1〕　青柳町村の「庭はき」

塚田は、慶長一九年（一六一四）五月五日に松本藩主小笠原秀政が北国脇往還（善光寺道）の宿場である筑摩郡青柳町村へ出した「伝馬役の定」を典拠として、同村に「庭はき」と呼ばれた人が存在していたことを指摘している。

この「伝馬役の定」は、松本藩が北国脇往還を整備する一環として青柳町村の伝馬役を務めるべき家数を定めたものだが、そこでは「問屋」「肝煎」「散使」「禅門」「笠縫」「庭はき」「空き屋敷」の合わせて一三軒が「無役」（伝馬役を務めなくてよい）とされている（『長野県史　近世史料編』、以下「長野県史」と略記する）。つまり、無役とされた一三軒のうちの一軒に「庭はき」が見える。

無役とされたほかの一二軒を見ると、「問屋」「肝煎」は宿場を維持していくうえで重要な役割をはたしているから無役とされたと考えられる。そうすると「散使」「禅門」「笠縫」「庭はき」も、それぞれ独自の役割というか、ほかにやるべきことをもっていたことから無役とされたと考えられる（「空き屋敷」四軒は、そもそも伝馬役を務めることができなかったから無役とされたのであろう）。

では、「庭はき」の役割は何だっただろうか。右の史料しかないのでまったくの想像にすぎないが、『長野県の地名』によれば、ここには中世に青柳氏の居館と青柳城があった。また、ここには飯縄神社と秋葉神社もある。「庭はき」という呼称からすると、これらの居館・城、あるいは神社の「掃除」がその役割ではなかったかと推測される。もっとも、近世にも「庭はき」として存在していたとすれば、神社の掃除であった可能性のほうが高いと考えられるが。

なお、塚田によれば、青柳町村には近世を通じて「えた」と呼ばれた人びとが存在しており、寛文四年（一六六四）には青柳町村に「除地」とされた「穢多屋敷」があった。右の「庭はき」と「えた」身分の人びととは、つながっていると見てよいであろう。

「散使」「禅門」「笠縫」についてもよくわからないが、文字から見て「禅門」は民間宗教者と思われる。また、「笠縫」は笠を縫う職人であろうか。「散使」については、尾崎が上田藩領の慶長一〇年（一六〇五）・同一三年の史料に「さんし」が見えることを指摘しているが、その実態はわからなかった。ところが最近、藤井寿一から、黒田弘子が検討している紀伊国高野山領の「サンシ（散使・散仕）」と同様の存在ではないかと教えてもらった。すなわち黒田によれば、「サンシ」は「神事祭礼に深くかかわ」り、「一般農民とは峻別された存在」であることは明白だということで、黒田は「賤民の一つではないか」と見ている。もしこれと同じだとすれば、青柳町村や上田藩領にも神事祭礼に深くかかわる「賤民」が存在していたことになる。

なお、右と同様の「伝馬役の定」は、同日付で筑摩郡郷原宿・保福寺宿・麻績宿にも出されていて、それらにも「参使」が見える（ただし、「庭はき」は見えない）。この「参使」は「散使」と同じだと思われる。さらに、元禄三年（一六九〇）の「筑摩郡洗馬郷村々検地留書」の今井村の項には「参仕給」が見える。同項には別に「穢多分」の「のぞき地」があることも記されているので（長野県史）、「参仕」と「えた」とは異なる存在ということになるが、「サンシ」と呼ばれる人びとが信州にも存在していたことに注意しておきたい。

〔事例2〕　上田藩領諏訪部村・常田村の「庭掃」

塚田によれば、上田藩領諏訪部村の元和九年（一六二三）閏八月二六日付の「諏訪部村持高名寄帳」に、「はんしやう（番匠）」「かち（鍛治）」「こはしり（小走り）」などの肩書をもつ者とともに、

同二《畠》十二文　　御にわはき　文右衛門

畠十七文　　かんすけ

と見えるという。

塚田はこの「御にわはき」について、「諏訪部には真田昌幸が下之条村から移築した常福寺――信之の菩提寺となり、その後小松姫（徳川家康女・本多忠勝養女）の墓所がおかれ、仙石忠政はここに、小諸から菩提寺宝仙寺をうつしている（芳泉寺）――があるので、その『庭掃』とひとまず考えられよう。だ

が、諏訪部一五貫文の地は、慶長六（一六〇一）年八月、信之が重臣大熊五郎左衛門にあたえた知行地の一としてみえているので、あるいは大熊家につかえた『庭掃』か、それとも領主真田家につかえてきた『御庭掃』だったともかんがえられる」と述べている。つまり常福寺の「庭掃」か、大熊家もしくは真田家につかえた「庭掃」ではないか、というのである。また塚田は、常田村にも「庭掃」がいたが、それらの人びとは後に諏訪部村に移住させられたのではないか、とも述べている。

こうした塚田の研究を受けて、その後尾崎がこの問題を追求した。それによって、諏訪部村には右に見たように「御にわはき」と呼ばれた人びとが住んでいたが、上田藩の「かわた頭」とされる小十郎が本海野村から諏訪部村へ移住させられたのは、それより後の慶安二年（一六四九）であったことを明らかにするとともに、常田村の「庭掃」についても、大略次のことを指摘している。

①天保三年（一八三二）閏一一月に諏訪部「穢多頭」小十郎が提出した願書のなかに、「常田村大宮口木役の儀は、往古より私取り来たり候」とある。諏訪部村小十郎と常田村との古くからの関係がうかがわれる。

②弘化三年（一八四六）九月に諏訪部「穢多頭」藤太が提出した口上書のなかに、「往古真田様御代の節、常田村庭掃孫右衛門と申す者」が、旦那場である「常田・踏入・染谷・笹井・岩門」の五村へ出入りし、「稲一把」（後述するいわゆる「一把稲」）を集め、「御牢番一役《ひとやく》と号し」て牢番を務めてきたとある。真田氏時代に常田村に「庭掃」孫右衛門が存在し、常田村など五か村を旦那場としていたことがうかがわれる。

③元文二年（一七三七）の「塩尻組諏訪部村穢多宗門改帳」では、小十郎をはじめとする一九軒が上田城下横町浄土宗願行寺「庭掃」とされているのに対し、孫助ら三軒は同城下鍛冶町曹洞宗月窓寺「庭掃」とされている。寺が異なることから、小十郎らと孫助らの出自が異なることがうかがわれる。ちなみに、私（斎藤）が見た事例では、近世部落の人びとが他村へ引っ越した際には、寺も引っ越し先にある寺に変えられることが多いが、ここではそうなっていないように思われる。しかし、その理由はわからない。

④承応三年（一六五四）の常田村「田畑貫高御帳」に、

一、同《かへり石》（田）《長八ツ》七百五十文　孫《庭はき》市

とあり、また、

一、《同所》同（畑）《（中嶋）》三十六文　孫《すわべ》右衛門

とあることから、常田村に「庭はき」孫市が居住していて田を所持していたこと、また諏訪部孫右衛門も常田村に畑を所持していたことがわかる。

⑤延宝九年（一六八一）の常田村「田畑御改帳」に、

一、《かへり石長八牧七升牧》田七百五十文　孫《すわべにわはき》市

とあることから、このときには孫市が「すわべにわはき」とされていたことがわかる。ということは、孫市はこのときは諏訪部に居住していたことになる。なお、孫右衛門はこれ以前の寛文七年（一六六六

七）に死亡していたことが、月窓寺の過去帳から判明する。

⑥孫右衛門らは慶安二年、すなわち小十郎らが移住させられたのと同じ年に、諏訪部村へ移住させられたと見られる。

以上のように尾崎によって、常田村に「庭掃」と呼ばれた孫右衛門・孫市らが居住していたこと、その後彼らは、本海野村の小十郎らと同時期に諏訪部村へ移住させられ、それ以前から諏訪部村に居住していた「御にわはき」と呼ばれた人びとと合流したことが明らかにされた。

それでは、常田村の孫右衛門らはなぜ「庭掃」と呼ばれたのだろうか。尾崎は、「この地方で古くから信仰を集めている科野大宮社」が常田村にあることから、その「庭掃」ではなかったかと推測している。妥当な推測と思われる。

〔事例3〕　上田藩領中之条村の「庭はき」

尾崎によれば、上田藩領中之条村の寛永二〇年（一六四三）二月の「貫名寄せ帳、孫兵衛組（表紙欠、仮表題）」に、

一、百八十八文　　屋敷《いやしき》　　庭はき《にわはき》与十郎

とあり、同年九月の「田畑改帳（表紙欠、仮表題）」に、

一、下々畑百六歩　百八十八文　　川端屋敷《かはだやしき》　　庭はき

とある。また、中之条村の隣村である御所村の寛永二〇年の「田畑ならし帳」には、「てうり（長吏）与十郎」が下々田を所持していると記されている。

これらのことから尾崎は、「庭はき与十郎」と「てうり与十郎」とは同一人物であろうとし、中之条村の「かはだやしき」に住んでいた与十郎が、「庭はき」とも「てうり」とも呼ばれたのであろうと述べている。いいかえれば与十郎は、ときには「かわた」、ときには「庭はき」、ときには「てうり」と呼ばれたことになる。

これは注目すべき指摘といえよう。というのは、寺木伸明『近世部落の成立と展開』は、「近世初期の権力によって部落がつくられたとき、部落に組み込まれた社会階層はさまざまであった」とし、次の四つをあげている。一つは「中世の被差別民」すなわち「河原者・『えた』・宿・キヨメ・寺社の隷属民などの一部」、二つは「下層の職人層」すなわち「皮革職人・青屋（染色業者）・鍛冶屋・交通・運輸業者などの一部」、三つは「水利・田畑の番人階層」、四つは「百姓階層」である。これらの社会階層の一部の人びとが、近世の政治権力によって「えた」身分とされたと寺木は主張するが、右の尾崎の指摘はこの寺木の主張に対する反証になるのではないかと思われるからである。

というのは、「かわた」「庭掃」「てうり」などのさまざまな社会階層の人びとが政策的に「えた」身分に統一されたのではなく、右の与十郎のように、ときには「かわた」、ときには「庭掃」、ときには「てうり」と呼ばれた人びと、いいかえれば近世以前にすでにさまざまな役割や仕事に従事し、そのときどきに「かわた」「庭掃」「てうり」などのさまざまな呼称で呼ばれた人びとが、近世に入って（それも一六五〇年以降）政治権力から「えた」と呼ばれるようになったのではないかと考えられるからである。

さらにいえば、そのような人びとのなかに農業に従事している人がいたとしても（太閤検地帳や近世初期の検地帳には、「かわた」「ちょうり」が田畑を所持していると記されたものがある。現に与十郎もわずかながら田を所持していた）、それを「百姓」身分とすることはできないであろう。

ちなみに、次に見る飯山でも、同一の存在が「かわや」と呼ばれたり、「庭掃」と呼ばれたりしている。また、これらの人びとは警備にも従事していた。そうだからといって、これらの人びとを「下層の職人層」や「番人階層」など別の社会階層だったとするのは誤りであろう。くりかえしになるが、さまざまな社会階層の人びとが「えた」身分にされたのではなく、すでにそれ以前から一定の集団性をもって特定の仕事・役割に従事していた人びとが、近世中期以降「えた」と呼ばれるようになったと考えるべきではないかと思われる。

それでは、中之条村に「庭掃」が存在した理由は何だろうか。これに関して尾崎は何も述べていない。私もわからない。ただ、ここが古代からの交通の要衝であったことだけ指摘しておきたい。

〔事例4〕 飯山小菅権現領の「庭掃」

『飯山市誌』に、次の記述がある。

小菅村の小菅権現領が、慶安五年（一六五二）に検地をうけたが、このとき高五六石余が打ちだされ二二人が名請人となっている。このなかに、六斗五升六合を所持する「かわや」の存在が確認できる。天和二年（一六八二）に、松平氏が領内の各寺社に書き上げさせた「寺社領ならびに由緒書」（「天和の書上げ」）によれば、権現領は八五石余で、このうち七三石が大聖院分、ほかに坊・社家・大工の所持高とともに、「庭掃」の所持地六斗五升がしるされている。慶安検地帳の「かわや」と、「天和の書上げ」の「庭掃」とは同一とみてよかろう。

飯山の小菅権現領小菅村にも「庭掃」が存在していたことが明らかにされ、「かわや」と「庭掃」の所持高がほぼ同じであることから、「庭掃」と「かわや」が同一の存在であろうと推定されている。これは〔事例3〕で見たことと同様——同一の存在が「庭掃」と呼ばれたり、「かわや」と呼ばれる——の事例といえよう。

それでは、小菅村に「庭掃」が存在した理由は何だろうか。同書は、次のように述べている。

年次不詳だが、内容から察して江戸時代後期のものと思われる「小菅神社年中行事録」に、「六月一日、庭掃へ玄米一斗五升遣す」とある。これは神事祭礼に際しておこなう境内の庭掃除仕事に対する報酬と考えられ、江戸時代前期には、職人「かわや」が、小菅大聖院の庭掃として位置づいていたことが判明する。（中略）瑞穂地区の部落形成の起こりは、中世以来の小菅一山の霊場との関係や当地に居館を構えた犬飼氏・高梨氏などとも関係づけてみる必要もあろう。

小菅村の「庭掃」が、小菅神社の境内の掃除に従事していたことがわかる。また、部落の「起こり」は中世までさかのぼって考えなければならないのではないか、と述べていることも注目される。

さらに同書は、

当地方では小菅大聖院、犬飼村円通寺、奈良沢村忠恩寺、上木島村天然寺など有力な寺院の門前で、庭掃として位置づけられていた「かわや」がいたことに注目したい。つまり特定の寺院に従属した職業集団でもあったといえよう。庭掃は寺院境内の清掃だけでなく、仏事に関して種々の仕事に携わっていたことから、やがて身分外の身分に位置づけられる原因にもなっていく。もともとは皮革職を生業としていたことから、かわやあるいはかわたと呼ばれたが、寺院関係の仕事にも従事していたために庭掃とも呼ばれた。

と述べている。

「庭掃」が寺と密接な関係をもっていたとする指摘には関心をひかれるが、右の記述にはいくつか疑問がある。一つは、「庭掃」は「寺院境内の清掃」をしていたと述べているが、その根拠が示されていないことである。もしかすると、これらの人びとが宗門改め帳に「庭掃」と記載されていることからこのように述べたのかも知れないが、後述するように宗門改め帳の「庭掃」記載から、ただちにこのようにいうことはできない。また、「庭掃」＝「かわや」を「特定の寺院に従属した職業集団」と述べているが、その根拠も示されていない。

二つは、「庭掃は寺院境内の清掃だけでなく、仏事に関して種々の仕事に携わっていたことから、やがて身分外の身分に位置づけられる原因にもなっていく」と述べているが、「清掃」や「仏事」に携わったことがなぜ「身分外の身分に位置づけられる原因に」なるのか、その理由も示されていない。

三つは、「もともとは皮革業を生業としていた」と述べているが、その根拠も示されていない。もしかすると、「かわや」という呼称からこのように述べたのかも知れないが、それだけで「皮革業を生業としていた」とはいえないのではないだろうか。

右の記述にはこのような疑問がある。しかし、小菅権現領に「かわや」＝「庭掃」と呼ばれた人びとが存在していたことが明らかにされ、そのあり方や職能などに推定が試みられていることは貴重だといえよう。


〔事例5〕　善光寺町の「御にわはき」

塚田によれば、元禄三年（一六九〇）六月一八日に、善光寺町の「町離（長吏）」市助が提出した訴状の肩書には「御にわはき」と記されている。これによって善光寺町の「町離」は、自ら「御にわはき」と名乗っていたことがわかる。また塚田は、別のところで「江戸時代、善光寺の『町離』はこの妻戸衆（時衆のこと―斎藤注）の檀徒とされ、境内の清掃、燈籠の点灯、門前市の『取締り』などにあたった」と述べ、こうしたことから善光寺町の「町離」が「庭掃」とも呼ばれたと推測している。推測のとおりであろう。つまり境内の清掃にあたったことから「庭掃」と呼ばれ、自らも「庭掃」と称するようになったと考えられる。

このことは、小林計一郎も述べている。すなわち、善光寺の「町離」は「妻戸の檀家」、それも「善光寺の院坊は檀家を持たぬのが原則であるが、例外として妻戸だけが檀家をもち、それも町離のみに限られていた」と述べたうえで、「中世の善光寺町には仏師・彩色師・刀鍛冶・遊女・白拍子など、種々雑多な人々が住んでおり、諸国から流れこむ流民も少なくなかったと思われるから、善光寺の僧団妻戸衆等の支配下で、それらのあるものが、庭はき・常燈明番、市場取締りなどの仕事に従事し、次第にそれらに関する権利と義務とを有する集団として固定してきたのであろうと考えられる」と述べている。また、「町離は領主善光寺へ提出する書類に、『御庭はき』と署名している場合があり、その本来の身分は『御庭はき』つまり境内の清掃係であったと思われる。また七月十四日・十五日両日の夜、如来堂前で町離が迎火をたく習慣があった。これは町離と善光寺とのむすびつきが、かなり古く親密であったことを示している。また、境内常夜燈の点火もその任であった。近世においては常夜燈は毎晩点燈されたものである」とも述べている。ここには「庭掃」について考えるうえで、きわめて重要なことが指摘されている。善光寺と「ちょうり」との結びつきは「庭掃」＝「境内の清掃係」として、あるいはお盆の「迎火」をたいたり、境内の常夜灯に点火する係りとして、「かなり古く親密であった」という指摘である。おそらく指摘のとおりで、その結びつきはまちがいなく近世以前にさかのぼると思われる。

ちなみに、近世以前の信州の被差別民については、井原今朝男が「中世東国における非人と民間儀礼」で検討している。それによれば、鎌倉時代に作製された「善光寺縁起絵」には、「善光寺と非人との関係を示すものはない」。しかし、「南北朝時代以後のものになると、明らかに善光寺門前に乞食、非人、癩病人らが集住していたことを示している」という。これについて井原は慎重に、「もちろん絵画史料の性格から、それが当時の実情を写実したものと即断しえないことは明らかである」とことわっているが、南北朝時代には善光寺の門前に「乞食、非人、癩病人」らが住むようになっていたことはまちがいないと思われる。そして、それらのうちの一部の人びとが、近世善光寺町の被差別民につながっていくのではないかと推測される。

なお井原は、信州を代表する神社である諏訪社に関しても、「注目すべきは戦国期の史料に、中世において『四把稲』や『諏訪郡之長吏』など、近世部落史に連続するような要素が登場してくることである」と述べ、諏訪社の門前にも中世に被差別民が存在していたことを示唆している。

〔事例6〕　松代藩の「頭」は「御庭掃」

塚田は、「真田信幸が一六二二（元和八）年、上田から移封となって間もないころのものとされる松代藩の分限帳（市立上田図書館『花月文庫』）に、庭掃孫六の名がみえ、その禄米は六〇俵となっている」と述べている。この孫六は、松代藩の「かわや物（者）頭」「穢多頭」を代々務めた者だが、歴代の孫六がその後も「御庭掃」とされて、六〇俵の禄米を支給されていたことは、『松代町史』下巻に収録されている寛文ころ（一六六一〜七三）のものと推定される「真田幸道時代士卒給禄高」に、

一、六十俵　御庭掃孫六

と記されており、幕末文久年中（一八六一〜六四）の「真田幸民家中分限帳」にも末尾に一段下げて、

籾六十俵　須田孫六

と記されていることからわかる（長野県史）。もっとも、後者には「御庭掃」とは記されていないが、籾六〇俵が「御庭掃」給籾として支給されたものであることはまちがいないであろう。

これによって、松代藩の部落の頭である孫六は、近世を通じて藩の「御庭掃」と位置づけられ、毎年籾六〇俵を支給されていたことがわかる。

では、孫六はなぜ「御庭掃」とされたのだろうか。ここで思い起こされるのが、慶長三年（一五九八）、上杉景勝にかわって海津（松代）藩に入部した田丸直昌から「かわや物《(者)》頭」孫六が、「御城三之丸まで毎日掃除仕るべく候」と命じられたことである（この史料は第二部三章に掲げる）。なお、あわせて「箒百本」「鉄砲どうらん（胴乱）十」「鼻皮五間」を毎年上納するようにとも命じられている。孫六が、城の掃除役を務めたことから「御庭掃」とされたことは明白だといえよう。

ただし、それではなぜ孫六は城の掃除を命じられたのだろうか。「箒」も皮革製品も孫六らがそれ以前から製造していたものと考えられるから、掃除もそれ以前から孫六らの役割だったと見るのが妥当であろう（どこの掃除をしていたかまではわからないが）。それゆえ、あらためて城の掃除を命じられたと考えられる。

〔事例7〕 上田藩の「頭」は「御庭はき」

塚田によれば、元禄九年（一六九六）の上田藩「かわた頭」小十郎の訴状には、「御庭はき」と肩書きされている。これによれば、上田藩では「かわた頭」が「御庭はき」と自ら名乗っていたことになる。

それでは、小十郎はなぜ「御庭はき」と自称したのだろうか。これについて尾崎は、右の小十郎の訴状には上田藩の部落の人びとが課されていた役割として、「月六度の御屋敷掃除・市役・木役・たたき役・

村役・二三役がみられ」る。このうち前の四役が「頭小十郎にのみかかわるものと主張されている」が、なかでも「領主屋敷の掃除役をとりわけ強調しているのは、これが藩権力との結合を象徴する意味であったからとみられ、それだけに頭役にかかわる独特な役儀と見なされていたのであろう」と述べている。尾崎の指摘するとおりで、小十郎は「領主屋敷の掃除役」を務めており、それを「頭」の象徴とし、「御庭はき」と自称したと考えられる。

なお、尾崎によれば、「領内部落の頭役を出している」坂下（諏訪部）、および坂下と関係が深い本海野・中吉田、さらに坂下から後年分かれたと見られる鎌原・西脇の三村ないし五村の「えた」身分の人びとが務めた役目の一つに、「村役」あるいは「庭役」と呼ばれるものがあるが、「小十郎らは『赤房付之十手』を頭および庭役の者に限定されるという見解をと」っているという。つまり「村役」ないし「庭役」を務めていることが、三村ないし五村の「えた」身分の人びとと他村の「えた」身分の人びととは異なるという主張の根拠にされているわけだが、後に尾崎はその語源が「庭掃役」であったこと、また小十郎が上田藩領の「庭掃頭役」に任命された事実があることを明らかにしている（尾崎一九八四）。これによって「村役」ないし「庭役」が「庭掃役」＝庭掃除役に由来すること、ならびに「御庭はき」役が藩から命じられたものであったことがわかる。

それでは、なぜ「庭掃役」を命じられたか。〔事例6〕の松代藩の場合と同様、それ以前から掃除に従事していたからだと考えられる。

〔事例8〕　佐久郡小平村の「惣地者」

尾崎によれば、佐久郡天神林村の勘十郎は、寛文（一六六一～七三）初年に同郡小平村へ移住したと見られるが、その理由は「小平村福翁《(王)》寺様御地内惣地者に相定め」られたからで、「惣地者」は「掃除者」の宛字と考えられているという。このとおりだとすると、勘十郎は小平村福翁寺の「掃除者」として移住させられたことになる。

〔事例9〕　松本藩領大町組の「王子庭見庭はき」

近世後期の文化七年（一八一〇）九月付の松本藩領大町組の「無役訳書留」に、「王子庭見庭はき」なるものが見える。「無役訳書留」は、大町組で軒役・伝馬役などを免除されている者を書き上げたもので、書き上げられている順番に列挙すると、「大庄屋」「麻問屋」「長百姓」「庄屋」「組頭」「大工頭」「大工」「鍛冶頭」「鍛冶」「鋳物師」「伯楽」「社人・山伏」「王子庭見庭はき」「市屋敷（市神の神役）」「恵美寿（蛭子社人）」「仏持（阿弥陀の堂守）」「門屋」「風呂屋」「力」となる（長野県史）。村役人や職人・民間宗教者・被差別民などが無役とされていたことになろう。

それでは、「王子庭見庭はき」とは何かというと、そこにつけられている、「仁科郷産神王子権現の社守ゆえ、歩き役ござなく候」という説明から判明する。「王子庭見庭はき」は仁科郷の産土神である王子権現社（若一王子神社）の「社守」だというのである。したがって、この「庭見庭はき」は民間宗教者といえよう。記載順からもそう思われる。

なお、「庭見庭はき」という言葉からは、庭作りと庭掃除に従事していたことが推測されるが、具体的なことはいまわからない。

ちなみに、「仁科」（現大町市あたり）には近世初期に、「仁科の彦三郎」と呼ばれる「かわた」が居住しており、松本城の南・東・北の各城門と馬出しの掃除を命じられていることが、寛永一一年（一六三四）に松平直政が定めた「御領分のかわたども御門掃除致し候者の事」という史料からわかる（『信濃史料』補遺巻下）。しかし、この「かわた」と「王子庭見庭はき」との関連などもわからない。

以上、主として近世前期の史料に見られる「庭掃」について検討してきた。このほか『信州の部落の遺産』に、宝暦一〇年（一七六〇）三月一一日付の「庭掃任命覚書」と仮題をつけられた史料が掲載されており、それには「先年より御地頭の御慈悲をもって御にわはきに仰せつけられ候者、また《(又)》次郎・源右衛門」「同御慈悲をもって坊主御下に相きわまり申し候」などと記されているが、同書の編者が「この覚の内容は、文意不明のところがあって定かでない」と注記しているように、どう理解したらよいかわからない。このような史料があることだけ紹介しておく。

それでは、これまで見てきたことから明らかになったことを、推測もまじえてまとめよう。

①主として近世前期に東信から北信にかけて「庭掃」と呼ばれた人びと、あるいは自ら「御庭掃」と称した人びとが存在していた。中信にも近世初期に「庭掃」と呼ばれた人が存在しており、近世後期には「王子庭見庭掃」と呼ばれた人が存在していた。なお、次節で述べるが、越後国にも掃除に従事し

て「庭掃」と呼ばれた人びとが存在していた。

②「庭掃」は、実際に「庭掃」＝庭掃除をしていたことから生まれた呼称と考えられる。では、「庭掃」と呼ばれた人びとはどこの庭掃除をしていただろうか。寺や城・領主屋敷であることが明示されているものもあるが、明示されていないものもある。明示されていないもののほとんどは、その地域に古くからある寺社の庭掃除をしていたと推測される。しかも、それは近世以前からおこなわれていたと推測される。

③右のことから、松代藩・上田藩の「御庭掃」は、近世以前から寺社の「庭掃」をしていた人びとを、近世になってあらためて藩権力が、城や領主屋敷の「庭掃」に位置づけたものと考えられる（ただ、小諸藩の「えた」身分の人びとも城の掃除役をさせられているが、これまでのところ「庭掃」と記された史料は見出されていない。今後の課題としておきたい）。また、このことから逆に「えた頭」などが藩権力とつながっていることを明示するために、「御庭掃」と自称することもあったといえよう。なお小林計一郎は、善光寺町の「町離」身分の人びとが、「御庭掃」と自称していることについて、善光寺を領主と見ているからだと述べているが、これは寺院としての善光寺との関係に始まる「庭掃」が、近世中期には、領主たる善光寺との関係と意識されるに至ったことを示しているのではないかと思われる。

三　宗門改め帳における「庭掃」

1　宗門改め帳における「庭掃」記載

本章の主題からはそれるが、近世信州の宗門改め帳では、「百姓」「町人」は「○○寺旦那」と記載されているのに、「えた」「ひにん」さらには「乞食」と呼ばれた人びとは、「○○寺旦那」とは記載されないで、「○○寺庭掃」と記載されていることが多い。この宗門改め帳における「庭掃」記載は、寺が部落の人びとを通常の「旦那」とは認めなかったことから採用された記載と考えられるが、その際「庭掃」という記載が採用されたのは、右に見たように、部落の人びとの一部が実際に「庭掃」に従事していたからだと考えられる。

このことは、すでに塚田・尾崎らによって指摘され、若干の検討もされている。しかし、それは個別事例の指摘にとどまっていて、信州全体を見渡して検討したものはまだない。そこで、宗門改め帳における「庭掃」記載について、それが見られる時期、地域、対象（だれが「庭掃」とされたか）などを、検討しておこう。

2　「庭掃」記載の始期

信州の宗門改め帳で「庭掃」記載が見られるもっとも早いものは、私が知る限りでは『望月の部落史』

第三集に掲載されている、元禄三年（一六九〇）八月の佐久郡天神林村の「宗旨御改帳」である。その末尾で、天神林村の加右衛門らが天台宗満勝寺の「庭はき」とされ、満勝寺によって「拙僧庭はきに紛れござなく候」と証明されている。

ここで「庭はき」とされた加右衛門ら三軒一六人の人びとが「えた」身分とされた人びとであったことは、一六人より前に記されている百姓がすべて満勝寺やそのほか四か寺の「旦那」とされていること、そうした記載が一区切りされ、その後に右のように記載されていることからもうかがわれるが、同村の元禄一三年七月の「五人組判鑑の覚」に「穢多加右衛門・平四郎・勘三郎・五郎七」と記されていることから明確になる（ここで元禄三年の三軒から四軒に増えているのは、この間に加右衛門の子平四郎が分家したことによる）。つまり「えた」身分とされた人びとが、宗門改め帳では「庭はき」と記載されていたことになる。

比較的早い時期の事例を、もう一例あげる。正徳三年（一七一三）三月の「信濃国佐久郡五郎兵衛新田村巳宗門御改帳」の末尾には、「佐久郡五郎兵衛新田村天台宗妙香院庭掃」として太兵衛と同人女房が記載されている（斎藤一九八七）。

この村の宗門改め帳は、これより前のものが発見されていないので、これより前の宗門改め帳にどのように記載されているかはわからない。しかし、これより六年前の宝永四年（一七〇七）二月の証文から、太兵衛がその時点ですでに「庭掃」とされていたことがわかる。

その証文は、佐久郡高野町村の太兵衛が同郡五郎兵衛新田村へ引っ越すさいに、高野町村の村役人から五郎兵衛新田村の名主へ提出した、太兵衛のいわば身元保証書で、冒頭に太兵衛は高野町村の「牢守与左衛門子」であると記されている。このことから、太兵衛が「えた」身分であることがわかる。というのは、この少し後の享保一一年（一七二六）の「高野町明細帳」に「当村に穢多五人　内二人牢守にござ候」と記されているからである（長野県史）。つまり高野町村にあった牢屋の「牢守」は「えた」身分の人びとが務めていた。その「牢守」の子であるということから、太兵衛も「えた」身分であったことが判明する。

その太兵衛の宗旨は、高野町村にある禅宗桂宵寺の「庭掃」だと証文の末尾に記されている。本来ならここは「旦那」と記されるべきところだが、太兵衛が「えた」身分であることから「庭掃」と記されているのである。このことから、もし五郎兵衛新田村の宝永四年ないし五年の宗門帳が現存していれば、そこにも「庭掃」と記されているものと推測される。

ちなみに、高野町村でも「えた」身分の人びとが「庭掃」とされていたことは、時代は少し下るが、享保一八年（一七三三）の「宗門人別改帳」からわかる。そこでは、高野町村の五軒の「えた」身分の人びとは、「当村禅曹洞宗桂宵寺庭掃」と記載されている（山崎哲人）。

これにかかわって、もう一つ考えさせられることがある。太兵衛は高野町村では「禅宗（曹洞宗）桂宵寺庭掃」とされていたが、引っ越し先の五郎兵衛新田村では「天台宗妙香院庭掃」とされていることである。つまり、引っ越しによって宗派が「曹洞宗」から「天台宗」に変わっている。これと同様の事例を私は、もう一例知っている。それは「ひにん」身分の引っ越しの事例だが、「浄土宗」から「曹洞宗」

へ変わっている（斎藤一九九七b）。しかもこの場合は、隣村へ引っ越しただけなのにもかかわらず宗派が変わっているのである。百姓身分の場合は、近村へ引っ越したさいには「旦那寺」が従来のままであることがよく見られる。ところが「えた」「ひにん」身分の場合は、寺だけでなく、宗派まで変わっている。おそらく、引っ越し先の村にある寺の「庭掃」に強制的に変えられたものと思われる。そうだとするとこの点でも「えた」「ひにん」身分の人びとは、百姓身分とは異なる扱いをされていたことになろう。

以上の二例（高野町村の例も加えれば三例）から、佐久郡内では元禄・宝永ころには「えた」身分の人びとが、宗門改め帳で「庭掃」と記載されていたといえよう。

それでは、これより以前はどうだっただろうか。この点に関して注目されるのが、『望月の部落史』第三集に掲載されている、延宝六年（一六七八）五月の佐久郡小平村の「幾利支丹宗門御穿鑿御改帳」である。圭室文雄によれば、幕府が全国統一の書式による宗門改め帳の記載を命じるのは、寛文一一年（一六七一）一〇月だから、これは早い時期の宗門改め帳といえる。そして、ここでも「えた」身分の人びとは末尾に記載されているが、「庭掃」とは記載されないで、「当村真言宗福応《（王）》寺宗門」と記載されている。なお、このことは尾崎ら（一九八八）がすでに指摘している。

「宗門」とは宗派と同じ意味だから、この「宗門」という言葉自体に差別的な意味はない。しかし、百姓身分の人びとは「旦那」と記載されているから、「旦那」とは区別されていたことになる。

また、右の尾崎らの論文によれば、この後の元禄七年（一六九四）の宗門改め帳では、「宗門」がはぶかれて、ただたんに「当村真言宗福応寺」とのみ記載されている。そして、最末尾には「是は代々当寺旦那に紛れござなく候」とも記載されている。「旦那」記載も場合によりおこなわれていたことになる。

ところが、時代は飛ぶが、宝暦八年（一七五八）の「小平村穢多人別御改帳」では、「真言宗福翁寺庭掃」と記載されている。この間、すなわち元禄七年から宝暦八年の間の小平村の宗門改め帳が紹介されていないために、小平村で「庭掃」記載がおこなわれるようになったのが何年であるかはわからない。しかし、右のことから、延宝六年から元禄七年までは「庭掃」記載がおこなわれていなかったことは確実であろう。

他方、先に見たように近村の天神林村では、すでに元禄三年に「庭掃」記載がおこなわれていた。この二つの事例から、どのようなことがいえるだろうか。まず、宗門改め帳が作成されるようになった初期の段階から、百姓身分と部落の人びとが区別されていたことは、部落の人びとがかならず末尾に記載されていることから明らかだろう（後には、帳面そのものが別にされる）。

しかし、部落の人びとのことを百姓身分と同様に「旦那」と記載するか、それとも別な記載にするか、それはまだ定まっていなかったのではないだろうか。それが「宗門」とか「当村真宗福応寺」、さらには「旦那」という記載に表れているように思われる。

そのように不確定だった記載が、次第に「庭掃」という記載に固まっていく、その時期が元禄期ではなかったか。天神林村では元禄三年に「庭掃」記載が見られるのに、小平村では元禄七年になっても「庭掃」記載が見られないのは、そうしたことを示しているのではないかと思われる。

史料が限られているので断定はできないが、信州の宗門改め帳で「庭掃」記載がおこなわれるようになるのは、元禄ごろではないかと推定しておく。

3 「庭掃」記載の終期

それでは宗門改め帳に「庭掃」記載が見られたのは、いつまでだろうか。これについては、尾崎の以下の記述が参考になる。佐久郡加増村の部落の人びとは、「宗門帳における形式上の肩書として、『小諸荒町禅宗海応院庭掃』」とされていた。そこへ明治四年（一八七一）九月、いわゆる「解放令」がもたらされた。これを受けて加増村の部落の人びとは、「いろいろな面での『百姓並』取扱い、すなわち実質的な解放を求めて運動を展開する」が、その第一におこなったことが、「百姓同様菩提寺を定め、その寺の檀家として加えてもらうこと」であった。部落の人びとは明治五年正月、「従来から庭掃ながら関係のあった海応院の檀家として、百姓並に取り扱って欲しい」とする願書を提出した。「ところが、海応院和尚はこれを迷惑として受け入れず、『滅亡回向之儀、全宗寺ニ為相勤来候、』として、同院末寺の全宗寺の檀家とすることを逆提案した」。これを部落の人びとが受け入れたことから、加増村の村役人は「元小諸県庁」あてに願書を提出した。その結果、全宗寺が部落の人びとの菩提寺となった、と。

この記述のもとになった史料は、いわゆる「解放令」（賤民廃止令）布告後の被差別部落の人びとによる差別との闘いの記録としても貴重だが、ここでの課題に即していうと、これによって加増村では「庭掃」記載が明治四年までつづいていたことが判明する。

このことから、ほかの地域でも明治四年まで、いいかえれば戸籍制度が整えられて宗門改め帳が廃止されるまで「庭掃」記載がつづいていたのではないかと推測される。事実、明治四年三月付の「信州佐久郡馬瀬口村町離人別御改帳」では、「町離（長吏）」身分の人びとは、「浄土真宗養蓮寺庭掃」と記載されている。

なお、馬瀬口村は小諸藩領であるが、小諸藩領の「えた」身分、さらには「ひにん」身分の人びとの「人別御改帳」には、これまで見てきた宗門改め帳にはあった、寺による証明（宗判）がない。そのかわりに「えた」身分の人びとが、自分たちは「〇〇寺庭掃」であると村役人へ申告し、それを村役人が小諸藩へ保証する形式をとっている。つまり寺が檀家であること（＝キリスト教徒ではないこと）を証明していないのである。これは全国的に見て特異な例といえよう。圭室文雄によれば、寺が宗判権をもつことが、「近世的」檀家制度の特色の一つであったからである。

それはさておき、右に見た事例はすべて佐久郡内のものだったので、ほかの地域のものも見ておくと、『飯山市誌』によれば、慶応四年（一八六八＝明治元年）の「（高井郡）犬飼村えた宗門人別書上帳」には、「えた」身分の人びとは「浄土宗円通寺庭掃」と記載されている。また、『資料集　東部町の被差別部落』（以下『東部町資料集』と略記する）によれば、慶応三年の「（小県郡）加沢村穢多宗門改帳」ならびに慶応二年の「（小県郡）田中宿穢多宗門改帳」では、「えた」身分の人びとは「（浄土宗）地蔵寺庭掃」と記載されている。明治時代、あるいはその直前まで「庭掃」記載がつづいていたことがわかる。実際には、明治四年までつづいていたと推測される。

宗門改め帳における「庭掃」記載は、基本的には明治四年までつづいたとしてよいであろう。

4 「庭掃」記載が見られる地域

それでは、宗門改め帳に「庭掃」記載が見られる地域はどこだろうか。これについて塚田は「管見のかぎり、ほとんどがこの『肩書き《ママ》』（「庭掃」のこと——斎藤注）となっている」と述べている。塚田が見た宗門改め帳のほとんどは「庭掃」記載だったことになる。広く信州全域の史料を見た塚田がこのように述べているのだから、信州全域がそうであったように思われる。しかし、塚田が具体的にあげている村名はそれほど多くない。

そこで、これまでに私が知り得たものを郡名であげると、すでに紹介した佐久・小県・高井郡のほかに、埴科・更級・水内郡があげられる。つまり、東信から北信にかけて「庭掃」記載が多く見られる。もっとも、このことは尾崎もすでに指摘している。すなわち「寺院の庭掃という肩書は、東・北信地方の近世『部落』で共通に用いられていた」と。ただし、後述するように、すべてではないが。

二人の先学が、ほとんどが「庭掃」記載だと述べていることで十分かも知れないが、具体例を二、三あげておこう。

一つは、尾崎が紹介している上田藩の天保七年（一八三六）六月の「宗門御改手鑑写」で、それによれば「部落が庭掃として宗門改めを受けた寺院の宗派別数」は、浄土宗一一・禅宗九・浄土真宗四・真言宗二・天台宗一であるという。いいかえれば、上田藩領の部落の人びとはこのときすべて「庭掃」とされていたことになる。なお、このことから「庭掃」記載が宗派の問題ではないこともわかる。

二つは『東部町資料集』で、そこには四つの村の「えた」身分の人びとの宗門改め帳が掲載されているが、すべて「(浄土宗) 地蔵寺庭掃」とされている。つまり東部町（現東御市）域に暮らしていた「えた」身分の人びとは、すべて「庭掃」とされていたことになる。

三つは『飯山市誌』で、飯山藩領とその周辺の「えた」身分の人びともすべて「庭掃」とされていた。なお、同じ北信の『小布施町における被差別部落の歴史と民俗』（以下『小布施町の歴史と民俗』と略記する）によれば、「小布施の被差別部落の人びとの戒名は、寛保元年（一七四一）から明治七年（一八七四）までの一三〇年間のものが残っている」が、このうち享和二年（一八〇二）までの一六三例にはすべて「革」の字が使われている。ところが、文化二年（一八〇五）から天保一二年（一八四一）までの一一四例のうち五九例には、たとえば「瑚林庭童女」「雪相庭童子」「浄応庭禅男」「誓覚庭女」のように、「庭」の字が使われているという。そして、これは「当地方の宗門帳に記載されたえたの身分呼称『〇〇寺庭掃』からつけられた差別戒名である」と指摘している。指摘のとおりで、「えた」身分の人びとが「庭掃」とされていたことから、戒名に「庭」の字が多く使われたものと考えられる。

これらの例から東信・北信では「庭掃」記載が多いといえる。それでは、中信・南信ではどうだっただろうか。残念ながら、これらの地域についてはまだ調査することができておらず、今のところわからない。ただ、前述したように筑摩郡青柳町村には近世初頭に「庭はき」と呼ばれた人が存在していたから、青柳町村の宗門改め帳には「庭掃」記載が見られるのではないかと推測される。

以上、信州について見てきたが、信州以外ではどうだっただろうか。これまでに知ることができた信州以外の事例を見てみよう。

越後国の歴史にくわしい佐藤泰治に教えてもらったところによれば、越後国魚沼郡内のある村の寛政七年（一七九五）三月付の「当卯穢多宗門人別書上帳控」では「えた」身分の人びとが浄土真宗の寺の「庭掃」とされているという。これは、これまで見てきた信州の宗門改め帳とまったく同じである。一例だけだが、越後国にも宗門改め帳における「庭掃」記載があるといえる。

このほか佐藤から、以下のことを教えてもらった。①慶長三年（一五九八）の蒲原郡内のある村の検地帳に、「庭はき」が屋敷三石を所持していると記されている。②寛文七年（一六六七）の頸城郡内のある村の「高帳」に、「にわはき」が「同《（高）》四石二斗二升四合」を所持していると記されている。③高田城下の「穢多町由緒書」に、高田城に移る以前の春日山城時代には「御城庭払いと申」したと記されている。④魚沼郡内の禅宗寺院の門前に「庭掃」一宇が描かれた絵図がある。

これらのうち①②③は、前節で述べた「庭掃」（役割として掃除を担っていた）と同様のものと見てよいのではないかと思われる。しかし、④については、たんに寺の庭掃除をしていた事実を伝えるだけのものかも知れないので、判断を保留しておきたい。

佐藤からは、これらのうち①は弥彦神社の近郊だが、他はすべて信越国境に存在していることも教えてもらった。信州に近いところに「庭掃」記載が多く見られることから、信州との共通性が考えられるが、何が共通しているのかはまだわからない。また、弥彦神社の近郊に「庭はき」記載が見られることにも関心をひかれる。後述するように「庭掃」は寺社との関係が深かったと見られるからである（このことから、④も同様ではないかとも考えられる）。

上野国の歴史にくわしい大熊哲雄からは、上野国内にも「えた」身分の人びとが、「当寺庭掃」とか「拙寺庭掃」、さらには「拙寺掃除のもの」と記された数通の宗門改め帳があると教えてもらった。また、宗教学者の門馬幸夫からは、群馬県高崎市内に「庭掃除過去帳」が伝来していると教えてもらった。この「庭掃除」は「にわはき」と読んだと考えられる。というのは信州佐久郡内に、表紙に「門徒宗庭掃除人別書上帳」と記されたものがあり、本文にも「門徒宗養蓮寺庭掃除」と記されているからである。これまで見てきたことから、この「庭掃除」を「にわはき」と読んだことはまちがいない。そうすると高崎市内の過去帳の「庭掃除」も「にわはき」と読んだと見てまちがいないだろう。ちなみに『佐久の夜明け』によれば、佐久市内には「明治五年壬申改め」の「庭掃過去帳」が伝来しているという。宗門改め帳だけでなく、「過去帳」にも「庭掃」と記載されていたことになる。

以上によって、越後国と上野国の宗門改め帳にも、少数ではあるが「庭掃」記載が見られることがわかった。それでは、上野国の隣の武蔵国ではどうかというと、武蔵国和名村の「えた」身分の人びとの宗門改め帳では「旦那」と記載されている（『鈴木家文書』）。これらのことから、「庭掃」記載は信州の東信地方から北信地方にかけて多く見られること、さらに越後国・上野国にも若干見られることが明らかになった。ということは、「庭掃」記載は信州とその周辺に見られるといえよう。それでは、なぜ信州とその周辺に「庭掃」記載が見られるのだろうか。今後考えなければならない一つである。

5 だれが「庭掃」とされたか

「えた」身分とされた人びとが宗門改め帳で「庭掃」と記載されたことは、これまで見てきたことから明らかであろう。しかし、「庭掃」と記載されたのは「えた」身分の人びとだけではなかった。「ひにん」とされた人びとも「庭掃」と記載されていた。元治二年（一八六五＝慶応元年）三月付の「信州佐久郡蓬田村宗旨御改帳」から、それがわかる（斎藤一九八七）。

そこでは「八幡宿非人仁市」は「禅宗（曹洞宗）常泉寺庭掃」とされている。ちなみに、蓬田村は小諸藩領だったから、この宗門改め帳も前に見た馬瀬口村の場合と同様、「ひにん」身分の人が自ら「庭掃」であると申告し、それを村役人が保証する形式になっている。

このほかに「ひにん」身分の人びとが宗門改め帳で「庭掃」と記載されている事例が、いずれも佐久郡内の事例であるが、あと二例見出されている。わずか三例では不足かも知れないが、「ひにん」も「庭掃」とされていたとしてよいであろう。

さらに、「乞食」と呼ばれた人びとも「庭掃」とされている。文化六年（一八〇九）の更級郡中氷鉋村の「乞食」分の「宗門御改帳」からそれがわかる（長野県史）。そこでは、塩崎旗本領中氷鉋村に住んでいた「乞食」と呼ばれた人びとは、「浄土宗善導寺庭掃」とされている。なお、この帳面から「乞食」と呼ばれた人びとも「えた」「ひにん」身分の人びとと同じく、宗門改め帳を別冊にされていたこともわかる。しかし、この村の「乞食」に関しては、これ以上のことはわからない。

ところが、『長野県史通史編』には、右とは別の「乞食」の宗門改め帳があり、そこでも「庭掃」とされていることが紹介されている。上田藩領の小県郡栗林村の明和九年（一七七二＝安永元年）の「乞食宗門改め帳」で、同村の「乞食」が「代々栗林村真言宗普賢寺の庭掃であると証明している」という。

これによって上田藩領でも「乞食」が「庭掃」とされていたことがわかるが、同書にはさらに関心を引かれることが述べられている。この「乞食」の先祖は延宝八年（一六八〇）の飢饉のさいに在所を離れて栗林村に住みついたと推測されるが、その後宝永三年（一七〇六）に上田藩では領主が仙石氏から松平氏に替わる。新たに入封した松平氏上田藩は栗林村に、同村の明細帳には記載されていない「非人類似の存在」（「乞食」）がいることに気づき、「寺証文の提出を求めた」。これに対して栗林村の村役人は「藩は非人ときめつけるが、これは村の大川原に住んでいる乞食で、別に旦那寺などというものはないから寺請証文は出せない。しかし、先代からよく調べ、たしかなものだから村においているので、村役人が請け合う」と返答したという。

このことから同書は、一八世紀になっても「宗門改めを受けずに住みついていた」者が存在していたことに注意をうながしている。これは、すべての人が寺の檀家とされ、宗門改め帳に登録されたとする通説――たとえば高校の日本史の教科書の一つである『高校日本史B』には、「幕府は、キリシタン禁制を徹底するために、すべての人びとを寺院の檀家にし（寺請制度）、宗門帳に登録し、踏絵をふませてキリシタンではないことを証明させようとした」と述べられている――とは異なるからである。

じつは私も以前、佐久郡平原村の村役人が、同村の「ちょうり」には「旦那寺」がないが、「御法度の切支丹宗門」ではない。このことを自分たち村役人が証明すると、小諸藩へ提出した元禄七年（一六九四）の証文の下書を見出し、紹介したことがある（斎藤一九九一）。つまり、「すべての人びとを寺の檀家とし」たとする通説とは異なり、実際にはどの寺からも檀家とはされていなかった人びとがいたのである。

それでは、これらの人びとはその後どこかの寺の檀家にされただろうか。これについて、右の『長野県史通史編』はなにも述べていないが、平原村の「ちょうり」身分の人びとはその後宗門改め帳に「庭掃」と記載されるようになっている（斎藤一九九七ａ）。

それはさておき、右の栗林村の事例には、もう一つ考えなければならないことがある。松平氏上田藩が栗林村の「乞食」を「ひにん」だとしているのに対して、栗林村の村役人は「ひにん」ではなく「乞食」だとしていることである。「ひにん」と「乞食」は同じだろうか、ちがうだろうか。同じなら、これは「ひにん」が「庭掃」とされた事例の一つになる。

『長野県史通史編』は右の記述の前に、「仙石氏が支配していた時期の上田領では、身分としての非人を意識的にとらえていたようすはない」と述べ、また「次期領主松平氏の依頼で宝永三年（一七〇六）五月に徴した領内各村明細帳には、『えた』の記載はあるが、『非人』はない」とも述べている。これによれば、仙石氏時代までの上田藩領には「ひにん」というとらえ方がなかったことになる。その仙石氏にかわって入封した松平氏は、但馬国出石からきた大名だった。その但馬国にはすでに「ひにん」というとらえ方があった。このことから、上田藩領へは松平氏が「ひにん」というとらえ方をもちこんだのではないかと推測することができる。だから、右の「乞食」のとらえ方をめぐって藩役人と村役人とが対立することになったのではないだろうか。そうだとすれば上田藩領では、「ひにん」というとらえ方は、藩から領内へ広められたことになる。とはいえ、それが領内へなかなか定着しなかったことは、松平氏の入封からほぼ七〇年後の明和九年にいたっても、前述したように「乞食」の宗門改め帳が作成されていたことからうかがわれる。したがってこの場合、村側に立てば「乞食」、藩側に立てば「ひにん」ということになろう。

それでは先に見た中氷鉋村の場合はどうだろうか。「乞食」だろうか、「ひにん」だろうか。この問題は「乞食」と「ひにん」とが同時期に別々に存在していることが証明されれば解決する。しかし、そうした史料はまだ見出していない。ただ、塩崎旗本領の近領である松代藩の寛政七年（一七九五）と天保三年（一八三二）の史料には、「乞食非人等」という記載がある。これを「乞食・非人等」と分けて読めば、両者は別の存在になる（長野県史は分けて読んでいる）。しかし、これは「乞食非人」とつづけて読むこともできる。したがって、これだけの材料ではどちらともきめかねる。

この問題は、現時点ではよくわからないといわざるをえない。したがって、この事例を「ひにん」に一括せず、宗門改め帳に記載されているとおり、「乞食」と呼ばれた人びとが「庭掃」とされていたと受け取っておきたい。

以上によって、「えた」「ひにん」さらには「乞食」と呼ばれた人びとが、宗門改め帳に「庭掃」と記載されていたといえよう。

6 「庭掃」以外の記載

それでは、「えた」「ひにん」「乞食」と呼ばれた人びとはすべて「庭掃」とされたのだろうか。そうではないことは、先に見た小平村の「えた」身分の人びとが「当村福応《（王）》寺宗門」、あるいはたんに「当村福応寺」と記載されていたこと（後者には「当寺旦那に紛れござなく候」とも記されていた）から明らかだが、このほかにも以下のような事例がある。

『須坂を中心にした史料による部落の歴史』（以下『須坂史料』と略記する）に掲載されている文政五年（一八二二）三月付の高井郡幸高村「穢多宗門人別書上帳」では、「えた」身分の人びとが「当村曹洞宗秀泉寺旦那」とされ、「右は代々拙寺旦那に紛れござなく候」と秀泉寺によって証明されている。これによれば幸高村の「えた」身分の人びとは、百姓身分と同様に秀泉寺の「旦那」とされていたことになる。ただ、幸高村の「穢多宗門人別書上帳」はこれだけしか同書には掲載されていないので、この前後がどうだったか、つまり近世を通じて「旦那」とされていたかどうかはわからない。

ちなみに、同書に掲載されている、幸高村に隣接する高井郡井上村の天明七年（一七八七）三月の「穢多宗門人別帳」では、「えた」身分の人びとは「浄土宗浄運寺庭掃」とされている。したがって、隣接する村でありながら、一方は「旦那」とされ、他方は「庭掃」とされていたことになる。なぜこのようなちがいが生じたのだろうか。

このように「えた」身分の人びとが「旦那」とされたものがあることに関しては、その寺ないし僧侶と「えた」身分の人びととの関係を考えなければならないかも知れない。というのは、信州では多数の「差別戒名」が確認されているが、すべての「えた」身分の人びとが「差別戒名」をつけられているわけではないからである。その一つの理由として、寺ないし僧侶と「えた」身分の人びととの関係がそこに反映されていると考えられる。そうすると、宗門改め帳への記載の仕方にもそうしたことが反映されているのではないかと思われる。こうしたことも視野に入れて検討する必要があろう。

ところで、さらに考えさせられる宗門改め帳がある。それは「庭掃」でも「旦那」でもない宗門改め帳である。その一つが、寛保二年（一七四三）三月の水内郡浅野村の「穢多宗門人別改帳」で、そこでは「えた」身分の人びとは「浄土宗上今井村西迎寺宗旨」と記載され、「右判形仕り候穢多ども、代々拙寺宗旨に紛れござなく候」と西迎寺によって証明されている（長野県史）。

この浅野村の宗門改め帳について、豊野町同和対策室ならびに同町教育委員会に尋ねたところ、このほかに安永四年（一七七五）と慶応四年（一八六八＝明治元年）の「穢多宗門人別帳」が伝来しており、それにも「西迎寺宗旨」と記載されていると教えてもらった。このことから、少なくとも寛保二年以後は、浅野村の「えた」身分の人びとは「西迎寺宗旨」と記載されつづけたと推測される。

しかし、寛保二年以前のことはわからなかった。ところがその後、北信地方の歴史にくわしい樋口和雄から、浅野村の享保六年（一七二一）の宗門改め帳があり、それには「えた」身分の人びとは「西迎寺庭掃」と記載されていると教えてもらった。これによって浅野村では、享保六年には「庭掃」と記載されていたものが、寛保二年には「宗旨」に変更されていたことになる。

それでは「宗旨」とは何だろうか。これも豊野町から教えてもらったことだが、浅野村の百姓身分の人びとは「旦那」と記載されているということだった。したがって「宗旨」は、「旦那」とは区別されたものといえる（「宗旨」は、佐久郡小平村の宗門改め帳で見た「宗門」と同様のものといえよう）。しかし、それならなぜ「庭掃」を「宗旨」に変更したのだろうか。その理由を知りたいと思う。というのは、「庭掃」には差別的な意味合いが感じられるのに対し、「宗旨」という言葉それ自体には差別的な意味はないからである。もしそういうことを意識して「庭掃」から「宗旨」に変更したとすれば、これは注目すべきことといえよう。

もう一つ、「御助け者」あるいは「助けの者」と記載された宗門改め帳もある。明和六年（一七六九）九月の更級郡若宮村の「穢多宗門御書上帳」で、「えた」身分の人びとは「下戸倉村浄土宗宗案（安）寺御助け者」とされ、「右書面の通り、代々拙寺助けの者に紛れなくござ候」と宗安寺によって証明されている（長野県史）。

それでは「御助け者」あるいは「助けの者」とは何だろうか。寺側が「御助け者」を「助けの者」といいかえていることからすると、寺側では「寺が助けている者」と理解していたように思われる。もちろん、「御助け者」という言葉自体をそのように理解することもできる。しかし、「御助け者」という言葉は、「御寺を助ける者」、いいかえれば「寺に奉仕する者」と理解することもできるのではないだろうか。そして、後述するように寺社と「えた」身分の人びとが古くから密接な関係をもっていたことからすると、私には後者のほうが本来の意味ではないかと思われる。そして、この「御助け者」は、以前から慣行的に使っていた呼称を、宗門改め帳でも使ったのではないかと想像される。しかし、「御助け者」に関しては、いまのところこの史料しか見出していないので、「御助け者」あるいは「助けの者」と記載された宗門改め帳もあるということだけ述べておきたい。

さらに、宗旨のみ記載して押印してある「えた」身分の人びとの宗門改め帳もある。小林計一郎『長野市史考』に掲載されている延享五年（一七四八＝寛延元年）の善光寺の「えた」身分の人びとの「切支丹宗門御改帳」で、一例を示せば次のとおりである

一、□天台宗㊞　　年四十六　嘉　兵　衛㊞
一、宗旨同断㊞　　年四十　女　　房㊞

□の部分には、おそらく「宗旨」と記されていたものと思われる。これによって「えた」身分の人びとの宗旨が天台宗であったことがわかる。天台宗であったかどうかも問題だが、それはさておき、同書に掲載されている町人の宗門改め帳には「〇〇寺旦那」と記載されているから、右の記載の仕方も町人とは区別した記載の仕方といえる（前述したように小林計一郎は、「善光寺の院坊は檀家を持たぬのが原則であるが、例外として妻戸だけが檀家をもち、それも町離のみに限られていた」と述べているが、ここでは「えた」身分の人びとの宗旨は「天台宗」とされている。この理由はいまわからない）。

以上によって、「旦那」と記載された宗門改め帳もあること、また「宗門」「宗旨」「御助け者」、さらには寺院名のみ、あるいは宗旨名のみ記載されたものもあることが明らかになったといえよう。

7　宗門改め帳の「庭掃」とは何か

信州の宗門改め帳には「庭掃」記載が多いことを見てきた。それでは、宗門改め帳における「庭掃」とは何だろうか。私は以前よく考えずに、「庭掃」は「宗門改めのさいの差別呼称」(斎藤一九八七)、あるいは「被差別民の檀家の呼称」と述べた(斎藤一九九七a)。

ところがその後、尾崎が紹介した前述した史料――小諸加増部落の人びとが明治四年(一八七一)の「解放令」を受けて、「海応院庭掃」を「海応院旦那」にあらためてほしいと願い出て拒否され、「末寺全宗寺旦那」とされた――を見て、「海応院庭掃とされていることが、海応院と寺檀関係にあることを意味するわけではない」と述べた(斎藤一九九八)。つまり、海応院とは寺檀関係になかったと考えた。なお、そのときには見落としていたが、尾崎がそこで、部落の人びとは海応院の「檀家として加えてもらおうとしたと述べていることに、今回気づいた。ということは尾崎も、檀家ではないと見ていることになろう。

私がこのように考えた理由の一つは、前述したように部落の人びとが他村へ引っ越したさいに、寺だけでなく宗派まで変えられた事実である(たとえば曹洞宗から天台宗へ)。宗派まで変えるということは、通常の寺檀関係にあったとはいえないのではないかと考えたのである。もう一つは、前述したように平原村の「ちょうり」身分の人びとには、旦那寺が実際になかったという事実である(ただし、これは理由になっていなかったといまは思っている。むしろ、旦那寺がなかった人びとがその後「庭掃」とされた意味を考えるべきであった）。

これらのことから「庭掃」は、寺の檀家とは認められていなかったことを示すものではないかと考えたのである。ところが、これに対して藤沢靖介から、何を根拠に「檀家ではない」といえるのか、そもそも寺檀関係とはどのような関係かと質問された。

そこであらためて寺檀関係について調べたところ、圭室文雄が、「近世的」檀家制度の特色は、「宗判権」＝「人々がキリスト教徒であるかないかを判定する権限が、全面的に寺にゆだねられている」ことだと述べていた。これに照らして見ると、小諸藩領を除けば、宗門改め帳に宗判が押されているから、「庭掃」と記載されている者も、通常の「旦那」＝「檀家」とは認められていなかったとしても、広い意味では「檀家」と認められていたことになるのではないかと思われる。

このことから思い起こされるのが、明和七年（一七七〇）の佐久郡宇山村「長離《（吏）》」長七らが村役人へ提出した「一札」である。それによれば、佐久郡茂田井村無量寺の長海法印の葬儀のさいに、宇山村の「ちょうり」が「無礼・過言等」をしたということが、津金寺の住職の耳に入り、津金寺住職から「御庭掃印形を除く」（宗判を押さない）といわれたという。この「一札」は、それに困った部落の人びとが、村役人に依頼して津金寺住職へ詫びてもらったことの礼状で、宗判を押してもらうこと＝キリスト教徒ではないと寺に証明してもらうことが重要な意味をもっていたことがわかる（長野県史）。

もう一つ、圭室文雄によれば「寛文五年（一六六五）を境として、幕府は檀家制度に立脚した葬祭寺院こそが、寺の姿・住職の本来的な姿とした」という。つまり、葬祭をすることが寺・住職の本来的な姿とされたということだが、それでは部落の人びととの葬祭はどうなっていただろうか。信州ではなく上州の例だが、「穢多を担《(檀)》家に持ち候寺院」があるかと本山から尋ねられたのに対して、山田郡丸山村大円寺住職は、「拙寺儀、往古より穢多担《(檀)》家百軒余もござ候」と報告している。その報告書のなかで住職は、死者があったさいには、部落の「頭」の場合は墓地まで行って回向するが、そのほかの人の場合は墓地まで行かず「戒名を授与致し遣わし候のみにござ候」と述べている（『部落史史料選集』第三巻）。葬儀のさいに「頭」と配下の人びととで異なる扱いをしていたことがわかる。それはともかく、これによれば「戒名を授与」することも葬祭の一部だったことになろう。

そうだとすれば、信州の部落の人びとも寺から戒名——たとえそれが「差別戒名」であったとしても——は授与されているから、檀家と認められていたことになろう。なお、この点では、小諸藩領の部落の人びとも寺から「(差別)戒名」は授与されているから、檀家と認められていたことになろう。ちなみに、長野県差別戒（法）名調査委員会編『被差別部落の墓標』によれば、これまでに長野県内で二三二五の「差別戒名」と、一八一一の「墓標」が確認されているという（ただし、このなかには、近代の分もふくまれている。また、寺が授与したものではなく、旅の僧侶が授与したものもあるという）。

これらのことから、宗門改め帳に「庭掃」と記載されている人びとも、通常の檀家とは異なる扱いはされていたが、広い意味では寺の檀家と認められていたことになろう。したがって、「庭掃」は寺から檀家とは認められていなかったとした前言は撤回する。

なお、尾崎が紹介している上田横町願行寺の文書の寛政四年（一七九二）正月の記事には、諏訪部村の部落の人びとが「下村」と記され、正月一五日に雪駄一束ずつをもって願行寺へ年頭の挨拶に来ることが先年よりの仕来りになっていたと記されている。そのさい、古来は願行寺の台所において「御酒」を下されたが、部落の人びとが大酒して「無礼等」があったため、その後「青銅二〇匹」を「御酒代」として下されることになった。しかし、「御酒代」をもらって「御門を持ち出し候も迷惑（困惑するというような意か—斎藤注）」なので、「御酒代」を下されるのはやめてほしいと部落の人びとが数度願い出てきたので、寺の住職の代替わりを機会に、「酒二升遣わし、樽に入れ、納豆一重山盛りにして」部落の人びとへ渡し、「台所にて彼ら燗して呑み、礼をなして帰宅」することにした、とも記されている。部落の人びとが願行寺へ年頭の挨拶に来たこと、それに対して願行寺が酒あるいは金を与えたということは、その扱いがいかに差別的であったにしても、寺も部落の人びとも互いに檀家であることを認めていたからだと思われる。

しかし、それならなぜ「旦那」と記載せずに、「庭掃」と記載したのだろうか。推測だが、宗門改め帳を作成することが制度化された初期には、書式どおり「旦那」と記載したのではないだろうか。しかし、部落の人びとを百姓や町人と同等の「旦那」と記載することは、寺院や百姓・町人にとっておもしろくなかった。そこで、通常の「旦那」とは異なる記載をあれこれ考えた。そうしたなかで「庭掃」が見出され、それが次第に広く使われるようになったのではないだろうか。そのさい、なぜ「庭掃」という言葉が見出されたかというと、一部に実際に役割として「庭掃」をしている人びとがおり、それらの人びとが「庭掃」と呼ばれたり、自称していたからではないだろうか（先に見た高井郡幸高村の「旦那」記載はこれにあてはまらないが)。

それでは、「宗門」「宗旨」「御助け者」、あるいは寺院名のみ、宗旨名のみの記載はどう考えたらよいだろうか。これらも「旦那」とは異なることを示している点では、「庭掃」と同じといえる。このうち「宗門」と寺院名のみの記載は、前に見たように、「庭掃」記載に固定化しない前の試行錯誤の一つではなかったかと思われる。しかし、そのほかについては、なぜこのような記載が採用されたかわからない。

以上、七項目にわたって宗門改め帳における「庭掃」記載について見てきた。ここでまとめておこう。

①これまでに知られている宗門改め帳で、「庭掃」記載が見られるもっとも早いものは、元禄三年(一六九〇)の佐久郡天神林村の「宗旨御改帳」で、信州ではおそらくこのころから「庭掃」記載が始まったと推測される。

②「庭掃」記載は、明治四年(一八七一)までつづいた。

③「庭掃」記載は、東信・北信に多く見られ(中信・南信についてはいまのところ不明)、越後国に一例、上野国に数例見られる。しかし、なぜ信州とその周辺に「庭掃」記載が見られるのか、その理由はわからない。

④「えた」「ひにん」「乞食」と呼ばれた人びとが「庭掃」とされた。しかし、なかには「旦那」とされた人びともいた。また、「宗門」「宗旨」「御助け者(助けの者)」、あるいは寺院名のみ、宗旨名のみ記載された人びともいたが、その数は少ない。

⑤「庭掃」「宗門」「宗旨」「御助け者」、あるいは寺院名のみ、宗旨名のみの記載は、いちおう檀家とは認められているが、「旦那」とは異なることを示したものといえる。
⑥「庭掃」という記載は、一部に実際に「庭掃」＝掃除に従事していた人びとがおり、「庭掃」と呼ばれたり、自称していたことから採用されたと考えられる。
⑦したがって、宗門改め帳に「〇〇寺庭掃」と記載されているからといって、実際にその寺の掃除をしていたとはいえない。

四　なぜ掃除か

先に「かわた」「ちょうり」「えた」と呼ばれた人びとが寺社や城の掃除に従事したことを見たが、それではなぜ掃除に従事することになったのだろうか。それを考えたい。しかし、その前に見ておきたいことがある。

「庭掃」呼称＝掃除にこだわらなければ、「かわた」「ちょうり」「えた」と呼ばれた人びとと寺社とのかかわりを示す事例はもっと多いことである。すでに塚田がこのことを述べているのでそれを見ると、「中世、戸隠三千坊といわれたほど栄えた戸隠神社（顕光寺）の門前」には「かわや」が、「穂高神社の門前」には「かわた」が居住していた。「(雨ノ宮の）現在の部落は、ここに鎮座する雨宮坐日吉神社の門前にあって、その神事踊りが近隣五か郷を巡回するとき部落の人びとがその露払いの先導をつとめるといい、この日吉神社との古い関係をしのばせる」。「こんにち南信きっての『部落』が存在」する「平出・宮所の『部落』」は、「鎌倉時代以来、神領としてみとめられ『旧記』によれば、御射山の『御狩』に『勢子馬』をだす郷とされ」ており、「ふるいことが察せられ、諏訪神社となんらかの関係があったことをおもわせる」。「下之郷には生嶋足嶋神社があり」、「別所村の場合は、安楽寺・常楽寺など、中世以来繁栄した名刹が存在している」。「塩尻にあっては、『長吏屋敷』が、神守・神子等の神社の隷属者ないし雑芸者と、同じ地域にある」が、「塩尻の『長吏』については、かれらも、かつては神守・神子と同様に、神社となんらかの関係のあったことを想像させる」などと述べている。

先に見た地域以外でも、「かわた」「ちょうり」「えた」と呼ばれた人びとと寺社とが密接な関係、それも中世以来密接な関係をもっていたことがうかがわれる。しかも、これは信州にかぎったことではなく、全国的にもそうであったことは、最近も水本正人・上野茂らが指摘している。このことから、「かわた」「ちょうり」「えた」と呼ばれた人びとは、右の寺社の掃除にも従事したのではないかと推測される。そうだとすれば、近世に「かわた」「ちょうり」「えた」と呼ばれた人びとが、城や領主屋敷の掃除を命じられたのは、それ以前から寺社の掃除にあたっていたからだと考えられる。そこで問題は、「かわた」「ちょうり」「えた」と呼ばれた人びとは、なぜ寺社の掃除に従事することになったかということになる。

ここで考えさせられるのが、寺社は清浄を尊ぶところであるということである。たとえば、飯山の「小菅神社年中行事録」を見ると、その冒頭に、

一、当山の慎み、殺生禁断・忌服・穢火なり。別当の身は親・師たりとも、無常所へ出会い禁制な

り。住持・隠居・家来まで寺内に死ぬ事禁ず。万一不時に死ぬとも病気分にて下るなり。(以下略)

と記されている(長野県史)。住持・隠居・家来が寺内で死んではならない、万一突然死んだときには病気ということにして寺から下すというから、小菅神社が極度に「穢れ」を忌避していたことがわかる。もちろんこれは、小菅神社だけのことではなく、すべての寺社が「穢れ」を忌避していたといってよいであろう。

これに対して「えた」には、「穢れが多い」という意味の「穢多」という漢字があてられている。ここから、「穢れ」を忌避する寺社がなぜ「穢れが多い」といわれる人びとに掃除をさせたのだろうか、という疑問が生じるのは当然であろう。

よくわからないが、「エタ」という言葉が載っているもっとも古い文献とされる一三世紀後半に作られた『塵袋』には、「キヨメヲエタト云フハ何ナル詞ゾ」と記されている(『部落史史料選集』第一巻)。これによれば「キヨメ」と呼ばれていた人びとが「エタ」とも呼ばれたことになる。いいかえれば、「エタ」は本来は「キヨメ」だったことになる。このことから、「エタ」と呼ばれた人びとは最初から「穢れが多い」人びとと見られていたわけではなく、最初は「穢れを払う」=「キヨメ」の能力をもった人びとと見られていたのではないかと考えられる。だから、清浄を尊ぶ寺社が掃除をさせたのではないだろうか。祭礼のさいの行列の露払いなども同様で、行列の先頭で「穢れを払う」役割を担っていたのではないか。そうだとすれば「庭掃」=掃除は、チリやホコリを払うことにではなく、「穢れを払う」ことに大きな意味があったといえよう。しかもその「キヨメ」は、最初に見た「奈良坂非人等陳状案」に「清水寺一伽藍之清目」「本寺重役清目之非人」と述べられていたように、「重役」とされる役割であった。しかし、「穢れを払う」行為は、「穢れ」にもっとも触れやすい行為でもある。このことから後に「穢れが多い」人びとと見られるようになったのではないだろうか。

近世においても部落の人びとや、そのほかの差別された人びとが掃除に従事したのは、この「穢れを払う」という役割からであったと考えられる。ただ、時代が経過するにつれて次第にそのことが忘れられていき、「穢れが多い」人びととのみ見られることが多くなったのではないかと思われる。

なお、畿内では中世に見られた「庭掃」「庭者」という呼称が近世には次第に見られなくなっていくのに対して、なぜ信州とその周辺では近世に「庭掃」という呼称が見られるのか、その理由はわからない。あるいは、信州とその周辺でも近世以前から「庭掃」と呼ばれていたのかも知れないが、それを示す史料はまだ見出されていない。

第二章　警　備　――小田井宿における「無宿」の捕り物から――

一　警備をめぐって

信州の近世部落の人びとが従事した役割のなかで、大きなウエイトを占めていたのが村や町の「警備」であったことは、すでに塚田や尾崎らによって指摘されている。このこと自体に異議はない。しかし、塚田や尾崎が「ちょうり」＝「警備役」と理解していることには疑問がある。いや、塚田や尾崎にかぎらず、長野県では「ちょうり」＝警備役という理解が一般化している。すなわち塚田は、皮革業を中心とした部落を「かわた部落」、警備役を中心とした部落を「長吏部落」と呼んでいる。尾崎も、「かわた」を「本来的には皮革業者」と理解し、「『かわた』系部落」という用語を使用している。そして、「『かわた』の長吏職への移行」とも述べている。近世部落の人びとが、「皮革業者」から「警備役」へ移行したという意味である。また、長野県同和教育推進協議会が作成した同和教育の副読本である『あけぼの』（中学生用）には、「江戸時代、長野県の被差別部落の人びとは主に『長吏職《しょく》』として、人びとが安心して暮らせるように、今でいう警察官の役割を果たしていました」と述べられている（ただし、その後改訂された『あけぼの』にはこの記述はない)。

　しかし、「ちょうり」に「警備役」という意味はないのではないだろうか。それどころか、慶長八年(一六〇三)に出版された『日葡辞書』では、「ちょうり」は「ゑつた」と同義とされている。すなわち同書の「ちょうり」の項目には、「死んだ獣の皮をはいだり、牛の皮を剝いだりする人びと、あるいは、癩病人に対して監督権をもっている頭」という説明があり、「ゑつた」の項目を見よ、という指示がある。そこで「ゑつた」の項目を見ると、「長吏に同じ。いろいろな仕事の中でも、死んだ馬や牛の皮を剝ぎ、その皮でさまざまの物を作るのを職とする身分の卑しい人びと」と説明されている。「ちょうり」と「ゑつた」は同義であり、「ゑつた」と呼ばれた人びとが一六〇三年(徳川家康が征夷大将軍になった年)以前にすでに「身分の卑しい人びと」と見られていたことがわかる。

　なお、同書の「河原の者」の項目では、「皮屋に同じ。死んだ獣の皮を剝ぐ者であり、また、癩病やみの者に対する監督権をもつ者」と説明されている。これによって「河原の者」と「皮屋」が同義であり、さらに「長吏」「ゑつた」とも同義であることがわかる。

　この「ちょうり」という呼称の用法と意味を検討した藤沢靖介(二〇〇一)は、「東国の長吏を世俗の役人の頭と考え、刑吏・捕吏の役割の意味とする説は説得力をもたないと思う」と述べている。また、「戦国期には『長吏職』と記された文書もあるが、これを長吏の職業と考えるのは間違いである。長吏(頭)のポスト=役職の意味で、中世史では『職』は『しき』と読まれる」とも述べている。藤沢が述べているとおりと思われる(ただし、『岩波日本史辞典』では「職《しき》」を、「中世において、職務とそれに伴う収益権を一体としてさす語」と説明している。厳密にいうと、「ポスト＝役職」とは若干意味が異なるといえよう)。

それでは、なぜ長野県では「ちょうり」＝警備役という理解が広まったのだろうか。よくわからないが、藤沢が指摘しているように、この説を唱えたのが原田伴彦・盛田嘉徳であり、塚田正朋であったことが影響していることはまちがいなかろう。また、「長吏」(吏僚の長)という漢字から受ける印象と、「ちょうり」と呼ばれた人びとが村や町の警備に従事することが多かった事実とが結びついて、「ちょうり」＝警備役という理解が広まったことも考えられる。しかし、右に見たように「ちょうり」＝警備役とするのは誤解だと思われるので、最初に指摘しておきたい。

もう一つ、信州では「ちょうり」「えた」と呼ばれた人びとが村や町の警備に従事したが、そうではない地域があることも指摘しておきたい。たとえば加賀藩では、「とうない」と呼ばれた人びとが警備に従事し、「かわた」と呼ばれた人びとはもっぱら皮革業に従事した。島根では「鉢屋《はちや》」と呼ばれた人びとが警備や牢番に従事した(藤澤秀晴)。伊勢では「さゝら」と呼ばれた人びと(和田勉)、三河では「ひにん」と呼ばれた人びとが警備に従事した(藤井寿一)。「ひにん」と呼ばれた人びとは京都や大坂でも警備に従事した。このように地域によって警備に従事する人びとが異なっていたことにも注意しておきたい。

とはいえ、信州では「ちょうり」と呼ばれた人びとが村や町の警備に従事していた。本章ではその一例を、幕末安政二年(一八五五)に中山道小田井宿でおこなわれた「無宿」の捕り物に見てみたい。

二　負傷した権太郎と孫四郎

佐久郡御影新田村の名主を務めた小宮山家の古文書から、安政二年七月四日付で御影新田村の「牢番」で「えた」身分の権太郎らが、幕府御影陣屋（代官所）の手代へ提出した願書が見つかった（小宮山盛昭家文書）。これによれば、前日の晩に小田井宿の旅籠屋へ宿泊した「無宿」を、御影陣屋の役人につきしたがって捕らえに行った権太郎らが、白刃を抜いて立ち向かってきた「無宿」四人と棒で闘ったが、「無宿」を捕らえることができなかっただけでなく、逆に「無宿」から斬られて大怪我をさせられたことがわかる。その怪我の状態は、権太郎が右の鬢先から腮《あご》へかけて長さ六寸（約一八センチ）ほどの深切り傷、右の手の甲に三寸五分ほどの浅切り傷、弟の孫四郎が右の手の小指の間から腕へかけて長さ六寸ほどの切り割り傷であった。

この願書は、右の事情で怪我をした権太郎らが怪我の状態を示して、このうえは早く御影新田村へ帰って怪我の手当をしたいので、帰村を許可してほしいと願い出たもので、御影陣屋の牢番をしていた権太郎らが、牢番だけでなく、陣屋役人の配下として捕り物にも従事していたこと、それが非常に危険な役目だったことがわかる。

しかし、この願書のみでは、何人で捕らえに行ったか、その後どうなったか、といったことはわからない。ところが当時、小諸藩の家老を務めていた牧野勝兵衛成裕が書き残した「日記」（牧野一郎家文書）

などから、この捕り物の経過がくわしくわかった。そこで、それを見ることにしたいが、その前に御影新田村の「えた」身分についてこれまでにわかったことを見ておこう。

御影新田村の享和三年(一八〇三)の宗門改め帳から、安政二年の五〇年ほど前の享和三年には、権太郎・同人女房みよ・権太郎伜藤十・藤十女房つほの四人の「えた」身分の人びとが御影新田村に住んでいたことがわかる(小宮山盛昭家文書)。小諸の歴史にくわしい大塚清人から教えてもらったところによれば、ここに記されている藤十が捕り物で負傷した権太郎らの父だという。ということは、負傷した権太郎は祖父権太郎の名前をついだことになろう。

それとともに右の宗門改め帳には、御影新田村に「えた」身分の人びとが住むことになった理由も記されている。すなわち、天明六年(一七八六)に御影新田村へ牢屋を建築したさいに、それまで御影新田村の警備を担当していた平原村の「えた」身分の人びとに引っ越してきてもらって「牢守」を務めてもらったというのである。これによって権太郎の家は、御影陣屋に付属した牢屋の「牢守」をするために平原村から引っ越したものであることが判明した。また、なぜ権太郎の家が引っ越したのかといえば、もともと権太郎の家が御影新田村の警備を担当していたからであった(警備などを担当する地域を「旦那場」というが、これについては第二部三章で述べる)。

ちなみに『佐久市志』によれば、御影陣屋は宝永三年(一七〇六)から享保五年(一七二〇)までの一五年間と、寛延二年(一七四九)から慶応四年(一八六八＝明治元年)までの一二〇年間、御影新田の開発者である柏木家の屋敷内に設置されたという。しかし、天明六年以前の牢屋がどうなっていたかはわからない。また、御影新田村の「えた」身分の人びとの宗門改め帳は、右の享和三年のものが現存している最古のもので、以降飛び飛びにしか伝わっていないため、人口の変遷などをくわしくたどることはできないが、享和三年から四〇年ほど後の天保一三年（一八四二）には人口が一四人に増加している。その後しばらく横ばい状態がつづくが、明治二年（一八六九）には一七人に増加している。そのときの家数は、負傷した権太郎の子の権太郎の家と、負傷した孫四郎の家の二軒であった。

三　捕り物の経過

1　小諸藩より援兵を派遣

小田井宿における「無宿」の捕り物の経過は、小諸藩の家老牧野勝兵衛の安政二年七月からの「日記」に前後のことも含めてくわしく記されている。まず、それを見ることにしよう。

七月二日条には、小諸藩の奉行（郡奉行・町奉行・寺社奉行を兼ねる）である熊部縫之助から城代家老牧野八郎左衛門へ伺いがあり、それに対して八郎左衛門が指示したことが記されている。それによれば、御影陣屋の手代衆より小諸藩に対して、御影陣屋の近辺を「悪者ども」が徘徊している。しかし、御影陣屋にはそれを取り締まる人手がないので、小諸藩の「足軽」を三、四人拝借したいという依頼があったことがわかる。ちなみに『佐久市志』によれば、御影陣屋に常時詰めていた役人は四、五人で、多いときでも一〇人をこえることはなかったというから、御影陣屋の役人だけでは「悪者ども」に対処することは到底できなかったといえよう。

その依頼に対して小諸藩では、さっそく「持筒」二人と「足軽」四人の計六人を派遣することを決定している。「持筒」というのは、後に見る「処分」のところで「持筒」が「足軽」に降格されているので、「足軽」より上位の役職だったことはまちがいないが、具体的な職務についてはわからない。なお、六人の派遣を決定するとともに小諸藩は、御影陣屋領分は小諸藩領分と隣接しているので、小諸藩領分のことも心配だとして、別の一組に領分を見廻らせることも決定している。

小田井宿での捕り物は、御影陣屋の役人と権太郎たちだけによるものではなく、小諸藩から六人の援兵をえておこなわれた大がかりなものだったのである。

2 死者が二人も

そのようにして七月三日晩の捕り物になるわけだが、七月四日条には足軽の元太夫と一緒に捕り物に行った持筒作太夫ほか四名より足軽小頭に届いた報告を受けて、その善後策を足軽組支配の者頭《ものがしら》である牧野左善が八郎左衛門へ相談したことが記されている。それによれば、捕り物は権太郎たちが負傷しただけでなく、小諸藩から派遣された足軽の元太夫が「即死」し、さらに小田井宿の百姓も一人「即死」するという惨憺たるものであったことがわかる。その部分を掲げると、次のとおりである。

御影御陣屋へ遣わされ候配下元太夫儀、昨夜小田井宿にて悪徒ども召し捕りに向かい候ところ、悪徒四人にて、抜き身にて揃いてまかり出で、打ち合い候ところ、深手を負い即死仕り、穢多両人も

手疵《きず》を受け、百姓一人即死の旨、

ついては、元太夫の死骸の引き取りをどうするか、身寄りの者でも派遣するかということが、牧野左善と八郎左衛門との間で話し合われているが、御影陣屋へ用立てた者のことだから、御影陣屋から何かいってくるまでは派遣しなくてよいという結論になっている。おそらく責任問題を考えてこのような結論になったと思われるが、元太夫の家族や親類は早く引き取りに行きたかったのではないかと推測される。

3　七月三日の経過

七月四日条には、元太夫と一緒に捕り物に行った持筒作太夫らから聴取した捕り物の経過と、元太夫の死亡状況も記されている。

作太夫の証言によれば、捕り方は最初、「悪徒ども」は平賀村にいるという情報をえて、平賀村へ向かった。しかし、平賀村にはいなかったため引き返してくる途中で、小田井宿に一人いるという情報を手先の者からえて、ただちに小田井宿へ急行した。

小田井宿に着くと、情報どおり叶屋（旅籠屋清蔵方）にいるというので、捕り物の手はずを整えた。すなわち、表から攻め込めば裏へ逃げ出すだろうという予想のもとに、裏へ小諸藩の持筒門兵衛・足軽岡太夫・郡次と「穢多五人」を配置し、表へ小諸藩の持筒作太夫・足軽元太夫・豊助と「穢多五人」を配置した。

ここまでのところで、捕り物には権太郎・孫四郎だけでなく、合計一〇人の「えた」身分の人びとが参加していたことがわかる。この一〇人については後述するが、御影新田村と前田原村の「えた」身分の人びとだったと思われる。なお、この捕り物は御影陣屋の役人が指揮していたのだから、当然、御影陣屋の役人も捕り物に参加していたはずだが、なぜか御影陣屋の役人のことは述べられていない。

さて、そのように手配した後、捕り方は開いていた旅籠屋の大戸口から声をかけた。すると旅籠屋の主人らしい者が出てきたが、ろくに挨拶もしないで奥へ引っ込んでしまった。それと入れ違いに、店の方の三本ほど開いていた雨戸の内から「悪徒」四人が白刃を振りかざしてそろって出てきた。そちらには「えた」五人（このなかに権太郎と孫四郎が含まれていたのであろう）と元太夫・豊助がおり、縁側の上と下とで打ち合いになった。その光が見えたので、作太夫もそちらへ行って打ち合った。作太夫は一人の「無宿」の頭筋のあたりを一度は打ったが、二度目は打ちはずしてしまった。そうこうしているうちに、「悪徒」四人が追分宿の方へ逃げ出したので、ただちに追いかけて行ったが、宿はずれの田のあたりまで行ったところで、暗夜だったこともあり見失ってしまった。

ここまでのところで、捕り物の展開が当初の予想と異なったために捕り方が苦戦し、けっきょく「悪徒」を取り逃がしてしまったことがわかる。なお、ここでは作太夫も「悪徒」を捕らえようとして奮戦したように述べられているが、これには後述するように疑問がある。

作太夫の証言に戻る。「悪徒」に逃げられてしまったため、「悪徒」の手配方法などを相談しようと小田井宿へ帰ってくると、一人が倒れていた。よくよく見ると、腹を突かれて死亡していた。さらに叶屋の前までくると、また一人倒れていた。元太夫ではないかと思ってよく見ると、まさしく元太夫が深手を受けて死亡していたので、一同が驚いて傷を調べた。すると、頭の左から咽へかけて深手を受け、手首にも一寸余のそぎ切り傷があった。元太夫がこのような事態になっていたことには誰も気づかず、一緒に「悪徒」を追いかけていたものと思っていた。元太夫の状態を見ると、よほど打ち合ったものと見え、元太夫がもっていた半棒（六尺の半分、三尺の棒ではないかと推測される）に切り込み傷があった。

以上が作太夫が証言した捕り物の経過と元太夫の死亡状況である。こうした経過のなかで権太郎と孫四郎も負傷したことになる。

なお、元太夫の死亡状況は、事後処理のために四日に小田井宿へ出向いた小諸藩郡奉行角田敬助から も、翌五日に藩へ報告されている。七月五日条から、元太夫の死亡状況を述べた部分を引用すると、

元太夫儀は、よほど打ち合い候事と相見え、半棒に切り込み疵所々にこれあり。または刃背を打ち候疵と相見え、クボミ込み候跡もこれあり。倒れ候場所にても打ち合い候事歟《か》、その所相分からず、死骸の下に半棒はこれあり。脇に脇差落ちこれあり候ところ、鍔《つば》より尺余も先に刃コボレ、または筋なども付き、血も付き居り候。血は当人の血歟相分からず。相手をも手負わせも致し候哉、脇差身に色の変わり候所もこれある旨、

と述べられている。非常に生々しい報告で、元太夫が必至に「無宿」と闘った様子がうかがわれる。

それでは、なぜ元太夫は斬られてしまったのだろうか。捕り方側に誤算があったからだと思われる。というのは、「悪徒」が宿泊した叶屋清蔵の後日の証言によれば、捕り方がくる前に中込村の伴蔵という

者が叶屋へきて、「悪徒」の頭とおぼしき人物と小声で話をし、それから「悪徒」は旅支度を始めたというのである。伴蔵はおそらく「悪徒」の仲間で、捕り方が襲来することを事前に「悪徒」へ通報したものと思われる。したがって「悪徒」の側では、捕り方が襲来することをあらかじめ承知し、逃げる準備をしていた。これに対して捕り方は、そのことを知らなかった。このちがいが、捕り物が失敗した大きな理由ではなかったかと思われる。このことについて七月五日条には、「悪徒」の側には捕り方が襲来するという「心得」があったのに対し、捕り方はそれを「相弁《わきま》えざる故、手筈違い候事と相見え申し候」と述べられている。

4　逃亡者の捜索

こうして小田井宿での捕り物は失敗に終わり、「悪徒」に逃亡されてしまった。そこで御影陣屋では、四日に「悪徒」四人の人相書を小諸藩へ送り、領分への手配を依頼している。それが七月四日条に記されている。

一、御影平手代相沢安五郎、小田井宿より追分宿まで追いかけ参り、同所より御奉行どもへ文通、悪徒四人の人相書申し遣わし、御領分の方手配致しくれ候よう申し来る。人相書左の如し。

上州無宿

吉　五　郎

三十七、八

中丈、色黒く

甲府無宿
　鉄　五　郎
　　三十五、六
　丈高く、色白く
信州無宿
　国　五　郎
　　二十五、六
　あばたこれあり
外一人
　名前知れず
　あばたこれあり

この人相書から、逃亡した「無宿」四人が上州無宿吉五郎、甲府無宿鉄五郎、信州無宿国五郎ほか一人であったことがわかる。また人相書は、小田井宿から追分宿まで「無宿」を追いかけて行った御影陣屋の平手代相沢安五郎が、追分宿からよこしたということから、相沢がこの捕り物に当たっていたこともわかる。相沢については後述するが、このときの捕り物の指揮者ではなかったかと思われる。

さて、このように人相書を送付して「悪徒」の捜索を依頼するとともに、相沢たちは諏訪まで捜索に行っている。また小諸藩から援兵として派遣された足軽のうち、岡太夫・郡次は佐久郡内の村々を捜索して廻り、信州より甲州への抜け口などを手配し、門兵衛・豊助は伊那へ捜索に行った。しかし、いっこうに手がかりをつかむことができず、七日までに全員が戻っている（七月七日条）。なお、この捜索に「えた」身分の人びとが随行したかどうかは記されていないが、これまでの成り行きから見ておそらく随行したものと推測される。

5　負傷したことにして引き取る

そのようにして捜索がつづけられている最中に、一つの問題が生じていた。死亡した元太夫をどのように引き取るかという問題である。七月四日条に、次の記事がある。

一、角田敬助より御影にて元締め村尾理平へ申し談じ候ところ、元太夫即死と申す事に相成り候ては、岩村田御役人・御影手代衆と当方と、三方御役人立ち会い検使と相成り候えば、三か所にて公辺へ御届けに相成り候儀、左候ては、悪徒ども召し捕りも致さず、即死と申し候ては、権家・殿中の評判にも相成り候て、御立派にこれなく候間、受け損じ手疵負い候と申す場にて、死体引き取り候方しかるべき旨申し談じ候間、伺いの上申し遣わし候よう、同人は、右につき小田井宿へまかり越し、万端取り計らい候旨申し遣わす。

ここには、小諸藩郡奉行角田敬助より御影陣屋の現地責任者である元締め村尾理平へ申し入れたことが記されているが、元太夫にとって心ない仕打ちといえる。というのは、元太夫は実際には「即死」していたが、「即死」ということになると小田井宿を領分にしている岩村田藩と御影陣屋・小諸藩からそれぞれ役人を出して検視をおこない、それぞれから公辺（幕府）へ報告しなければならなくなる。そうすると、「悪徒」を捕らえることができなかっただけでなく、逆に「悪徒」から斬られて即死したということになり、江戸で諸大名などの評判になるだろう。それは「立派なことではない」ので、ここのところは刀を受け損なって怪我をしただけだということにして元太夫の死体を引き取ることにしたいと申し入れているからである。ここで「立派なことではない」と感じるのは誰だろうか。「殿中」ということからは、小諸藩主しか考えられない。つまり元太夫の死（殉職）という厳粛な事実よりも、江戸における藩主の体面が重視されているのである。身分制社会の残酷さを物語るものといえよう。

そして実際、元太夫の死体の引き取りは、右の方針どおりにおこなわれている。そのために小諸藩では、元太夫はすでに死亡しているにもかかわらずまだ生きていることにし、元太夫と親類・足軽組目付連名の「口上書」を作成して御影陣屋へ提出している。その口上書には、元太夫は小田井宿での捕り物で怪我をしたが、これは「武門の面勝負の上の儀」だから、この怪我がもとでこの後どのようなことになろうとも、清蔵はもちろん、小田井宿やそのほかに対して何の申し分、願い筋もない、早く手当をしたいので引き取らせてほしいと記されている。小諸藩が文書を偽造し、御影陣屋もそれを容認し、元太夫の死体が引き取られたのである。

6　善光寺で二人捕らえる

そうこうしている間に、逃亡していた「無宿」のうち二人が善光寺で捕らえられた。七月六日条に次のように記されている。

一、戌の半刻ごろ、角田敬助、八郎左衛門殿宅へまかり越し、御影御手代小原五郎蔵、只今御城下まかり通り、市町役人へ申し置き候は、甲州無宿鉄五郎・信州無宿国五郎、善光寺にて、根津村万蔵手にて召し捕り候旨申し越し候間、まかり越し申し候。よろしく申し上げくれ候よう申し置き候段、市町役人申し出で候旨申し聞け候。

ここには、御影陣屋の手代小原五郎蔵が小諸城下を通過するさいに、小諸藩へ伝えてくれと市町役人へ頼んでいったことが記されている。それによれば、「甲州無宿鉄五郎・信州無宿国五郎」の二人が、根津村（祢津村）の万蔵によって善光寺で捕らえられたという。小原は、その二人を受け取るために、御影陣屋から小諸城下を通って善光寺へ向かっているから、この善光寺は現長野市の善光寺にまちがいないだろう。そうだとすると、「無宿」も遠くへ逃げていたことになるが、それを捕らえた根津村の万蔵も遠くまで追跡していたことになる。というのは、根津村は現小諸市の隣の現東御市の村だからである。もっとも、善光寺でたまたま遭遇したということも考えられなくはないが。

それでは、万蔵とはどのような人物だろうか。「えた」身分ではなかったかと思われるが、それはいまわからない。

なお七月九日条には、捕らえられた「無宿」二人が小原五郎蔵によって七月九日に小諸を通って御影陣屋へ護送されたことが記されている。また、七月一一日条には、二人が再び小諸を通って、中之条陣屋へ護送されようとしていたことが記されている。

ちなみに同日条には、残る三人――これまで逃亡した「無宿」は四人とされていたが、ここでは五人のうち二人捕らえたので残り三人としている。捜索の過程で「無宿」の仲間は四人ではなく、五人であることが判明したらしい――の人相書が御影代官所から送られてきたので手配したとも記されている。

その三人とは、「武州牧西無宿（先の人相書では「上州無宿」とされていた）吉五郎・三十七歳位」「越後無宿元角力荒川事仁作と申す国五郎・三十三歳」「信州伊奈（那）無宿鉄之進・二十八、九歳位」であった。

この三人の捜索があらためて触れられたわけだが、同じ一一日には郡奉行角田敬助が小田井宿へ出張したさいの宿舎への礼金や、世話になった小田井宿の役人への礼金などを支払うようにとの指示もなされている。このあたりで、この捕り物は一段落を迎えたといえよう。

7　「雇い足軽」でよろしい

しかし、まだ片づいていない問題があった。その一つが、この事件のことを幕府へどのように報告するかという問題である。七月一四日条には、御影陣屋の平手代本庄鉞蔵が、この問題で小諸藩を訪れたことが記されている。

郡奉行角田敬助に面会した本庄はまず、「先日中は悪徒ども召し捕りにつき、御人拝借のところ、手配など行き届かざる故、御大切の御人、死生までかかわり、何とも深く恐れ入り候。ひっきょう差し添えまかり出で候相沢安五郎行き届かざる故の儀、誠にもって恐れ入り奉り候」と述べている。御影陣屋の相沢の不行届きで、小諸藩から「拝借」した「御大切な御人」＝元太夫を死なせてしまったことを、最初に詫びている。

ついで「村尾理平まかり出で、御礼かつは右御詫び申し上ぐべく候えども、今日は岩村田御役人衆参られ、まかり出で兼ね、あまり延引相成り候間、陣内惣代にまかり出で候」と述べている。本来なら御影陣屋の元締めである村尾理平がお詫びにこなければならないのだが、所用でこられないので、本庄が代わりにきたというわけである。

このように述べたうえで、「拝借の面々いずれも格別出精働かれ候儀は、安五郎見届け候儀、御褒めの儀は相願いたく候えども、万一御咎めの御沙汰などござ候ては、私ども儀も、森孫三郎より何様咎め申しつけられ候も計りがたく候間、何卒御勘弁の御沙汰、偏に願い奉り候」と述べている。小諸藩から「拝借」した足軽らは「格別出精」したから、処分などしないでほしいというのである。しかし、このように申し入れたのは、足軽らに同情したからだけではなかった。もし足軽らが処分されたら、自分たちも代官である森孫三郎から咎められるかも知れないという心配があったからだった。

しかし、この訪問の目的はそれだけではなかった。本庄はさらに「かつ孫三郎よりその筋へ御届けには、当方（小諸藩）御足軽となく、雇い足軽疵請け候段御届けにてしかるべき哉、それとも元太夫格別骨折り相働かれ、深手負われ即死まで致され候ところ、同人名前出さず候を、身寄りの面々残念にも存じらるべき哉、如何これあるべき哉」と、角田へ尋ねている。代官森孫三郎から幕府へ提出する報告書に、元太夫のことをどう書いたらよいか、小諸藩の足軽ではなく、御影陣屋の「雇い足軽」が傷を受けたということでよいか、それとも元太夫は格別骨を折って働き、深手を負って即死したのだから、元太夫の名前を出さないと身寄りの者が残念に思うだろうか、というのである。この訪問の主目的は、このことを尋ねることにあったといえよう。

それでは、小諸藩はこれにどう答えたか。「名前出さず候て宜しく、雇い足軽と仰せ立てられ候て宜し

（い）」と答えている。元太夫の名前は出さなくてよい、御影陣屋の「雇い足軽」が負傷したということでよい、というのである。しかもこのことは、これ以前にすでに御影陣屋へ伝えられていたことも記されている。したがって、それが両者によってここで再確認され、元太夫は御影陣屋の「雇い足軽」として、名前も出さずに幕府へ報告されることになったことがわかる。

これによって元太夫は、書類上のこととはいえ、小諸藩の足軽としての身分を剥奪されてしまったことになる。いったいなぜ、このような酷薄なことをしたのだろうか。御影陣屋としては、小諸藩から「拝借」した足軽を死なせてしまったと報告すれば、幕府から咎められる恐れがあったからであろう。いっぽう小諸藩は、江戸での藩主の体面を優先させたものと思われる。しかし、これは命をかけて捕り物に当たった元太夫に報いるには、あまりに残酷な仕打ちといえるのではないだろうか。

8　作太夫らの処分

小諸藩でも、さすがにそのことは考えたらしく、江戸にいる藩主に伺ったうえ、七月二三日になって元太夫の父与太夫に対し、これまで元太夫に与えていた二人扶持を、元太夫の妻子養育のためそのまま与えると申し渡している。次のとおりである（七月二三日条）。

元太夫儀、今般御影御陣屋より頼みにて、捕り方へまかり向かい、悪徒どもと打ち合い候ところ、暗夜の事、その場の進退も相分からず候えども、公事に相果て候段不憫の事に思し召し、これまで下され候二人扶持、同人妻子へ養育のため、そのままこれを下さる。

ここで考えさせられるのは、元太夫がまったく褒められていないことである。すなわち、暗夜のことで、元太夫がどのような働きをしたかはわからないが、公務にかかわって死亡したことは不憫だから二人扶持を与えると述べられているだけなのである。これは「無宿」を捕らえられなかっただけでなく、逆に「無宿」から斬られて「即死」したことがマイナスに評価されたからだと思われるが、ここにも藩主の体面を重んじる意識が働いているといえよう。

同時に、元太夫と一緒に捕り物に行き、旅籠屋の表に廻った持筒作太夫・足軽豊助の二人が、元太夫を殺害されたうえ、一人の「悪徒」も捕らえることができなかったのは「不束《ふつつか》の至り」だとして、処分されている。持筒作太夫は、遠慮一〇日、一〇俵給として平足軽へ格下げ、平足軽豊助は、遠慮一〇日、給米のうちから一俵取り上げ、足軽末席とされている。この二人の処分がきびしかったのは、作太夫らは「悪徒」と闘ったことを主張したが、その主張が認められなかったことによる。なお、二人の処分にともなって二人の親族も処分されている。二人の親子兄弟は五日の「差し控え」、叔父・甥・同姓の従弟・祖父・孫は三日の「差し控え」とされている。

また、一緒に捕り物に行き、旅籠屋の裏へ廻った三人は、自ら「差し控え」を伺い出ている。これに対して藩は持筒門兵衛のみ三日の「差し控え」とし、平足軽の岡太夫・郡次については、その必要はないとしている。

最終的にはこのような処分が下されたが、処分の検討は七月四日にすでに始まっていたことが、七月四日条からわかる。そこでは、足軽を支配する役職である者頭《ものがしら》の神戸安右衛門と牧野左善は、元太夫は捕り物の渦中で死亡したのだから、「御賞し下され候わば」(褒めてくだされば)、今後ほかの者の心構えもちがってくるのではないかと、元太夫を褒めてほしいという意見を述べている。

これに対して、家老牧野勝兵衛は、次のように答えている。

一人にて四人を相手に致し候と申すにもこれなく、四人に、穢多ともに八人にてかかり、一人も召し捕り申さず、あまつさえ捕り方にては即死人、または疵請け候者二人までもこれあり候ところ、召し捕りも召し捕らず、取り逃がし候と申し候ては、御賞しのところは如何これあるべき哉、暗夜の儀、白昼となかなか違い手術も尽くし兼ね候味もこれあるべく候えば、御咎めの御沙汰のところはこれあるまじき哉、とくと思慮致し見候よう申し達し置く。

元太夫は一人で四人を相手にしたのではない。「えた」身分の人びとと合わせて八人で「無宿」四人にかかったのである。それにもかかわらず、一人も捕らえることができなかっただけでなく、捕り方に死者一人、負傷者二人を出している。これでは褒めるわけにはいかないのではないか。さりとて、暗夜でのことだから、白昼のようなわけにはいかないであろう。したがって処分されることはないと思うが、よくよく考えてみるように、というのが牧野の答だった。

このように七月四日の時点では、褒めるわけにはいかないが、処分されることもないのではないか、というのが牧野の考えだった。しかし、最終的には右に見たようにきびしい処分となったのだった。捕り物の経過が明らかにされていく過程で、作太夫らの行動に不行届きな点があったことが判明したからではないかと思われる。

四 小田井宿から見た捕り物

それをうかがわせるのが、この捕り物の舞台となった小田井宿（＝小田井村）の役人を務めた小林登弘の「日記」である。この「日記」には、家老の「日記」には記されていなかったことや、家老の「日記」とは異なることが記されている（小林太郎家文書）。次にそれを見ることにしよう。長文なので、最初のところだけ掲げる。

一、七月三日晩五ツ時頃、清蔵方に悪党泊まり居り、御影様より小諸様御頼み、同心衆六人御召し捕りに御出役、役元へも会所へも御沙汰なし故、役人一同存ぜず、喧嘩歟と申し候。しかるところ清蔵方に、武州牧西無宿吉五郎ほか三人御召し捕りの由承り、一同駆け出し申し候。表より御影御手代相沢安五郎様・小諸様御同心六人・御影牢守権太郎・同人弟、裏より御手代宮岡栄次郎様、宿方の穢多大勢御召し連れ御向かいならられ候。悪党ども一同脇差抜き持ち駆けだし、小諸御同心木根淵元太夫、半左衛門前にて即死、権太郎兄弟手負い、相沢様始めほか同心衆一同逃げ候様子。悪人ども逃げ行き候ところへ、伝八悴清作、伊太郎同道にて、喧嘩なる哉と申し、九蔵前に来たり候ところ、先に立ち候伊太郎無難、清作不運、水落《みぞおち》へ抜き身を請けて通され即死致し候。

ここには、家老の「日記」とはまったく異なることが記されている。すなわち、旅籠屋の表から攻め込んだのは御影陣屋の相沢安五郎と小諸藩の六人と権太郎兄弟で、裏を固めたのは御影陣屋の手代宮岡栄次郎と「宿方の穢多大勢」だとしていることである。先に見たように家老の「日記」では、小諸藩の六人は表と裏へ三人ずつ分かれたとしていた。いったいどちらが正しいのだろうか。

登弘の「日記」では、このことがもう一度述べられている。

一、小諸様御同心衆、元太夫即死致し候に、何方に分かれて居り候哉と御尋ねのうち、右答出来申さず、御持筒野元作太夫・平足軽五十嵐豊助両人儀は、表より向かい、元太夫即死致し候に、はなはだ不行届きの働きにつき、野元作太夫給米三俵御取り上げ、平足軽、五十嵐豊助給米二俵御取り上げ、平足軽末席に仰せつけられ、裏より三人参り候と拵え立て候様子。右三人はお叱りの由、八月中承り申し候。全くは六人とも表より参り候様子なり。

前節で見た、作太夫らの処分のことを後日耳にして書き留めた記事で、処分内容には若干誤りがあるが、ここでも小諸藩の六人は表と裏へ三人ずつ分かれたのではなく、本当は六人とも表にいたと述べている。

家老の「日記」と登弘の「日記」のどちらが事実を伝えているか、その決めてはないが、登弘が執拗に「六人とも表」にいたと述べていることからすると、登弘のほうが事実を伝えているのではないかと思われる。なぜなら、登弘は地元小田井宿の人間であり、「宿方の穢多大勢」も捕り物に参加していたとすれば、当然それらの人びとからも事情を聴いたはずだし、登弘には事実を歪曲しなければならない理由はないからである。

もっとも、そのとおりだとすると、小諸藩は捕り物の手順まで「偽造」したことになる。そこまでする必要があったのだろうかとも思われるが、元太夫が斬られて即死し、権太郎兄弟が負傷すると、「相沢様始めほか同心衆一同逃げ候様子」という右の記事が手がかりになるかも知れない。これによれば、相沢や小諸藩の足軽らは、「無宿」に立ち向かわず逃げてしまったことになる。これは「御立派にこれなく候」こととといえる。そこで小諸藩（と御影陣屋）は、そうした事実を取り繕うために捕り物の手順まで「偽造」したのではないだろうか。先に見たように、後の処分がきびしかったこともこのことを裏づけているように思われる。

ところで、登弘の「日記」には、家老の「日記」には記されていなかったことも記されている。捕り物の渦中で死亡した小田井宿の百姓の名前とその理由である。家老の「日記」には、百姓が一人死亡したことしか記されていなかったが、右の記事によれば、死亡したのは「伝八悴清作」であった。清作は捕り物を喧嘩かと思い、様子を見るために伊太郎と一緒に九蔵の家の前まできたところで、逃げてきた「悪党」と出くわし、不運にも抜き身をみぞおちへ刺されて即死したのだった。清作からすれば、なにがなんだかわからないうちに殺害されたことになろう。つまり清作は、この捕り物のまったくの犠牲者であった。そうであるならば、清作を手あつく葬り、弔慰金のようなものを出してもよいのではないかと思われるが、家老の「日記」には百姓が一人死亡したことしか記されていない。これも小諸藩（と御影陣屋）の体面をおもんぱかってのことと考えられる。

登弘の「日記」からはもう一つ、この捕り物に「宿方の穢多大勢」が参加していたことも知られる。それでは「宿方の穢多」とは、どこの部落の人びとだろうか。というのは、小田井宿には「えた」身分の人びとは居住していないからである。

この「宿方の穢多」とは、小田井宿の警備に当たっていた隣村前田原村（天領）と岩村田宿（岩村田藩領）の部落の人びとと考えられるが、この場合は天領であることから前田原村の部落の人びとであったと思われる。前田原村には、天保二年（一八三一）に半三家・半七家合わせて二四人、慶応三年（一八六七）に半三家・半七家合わせて二〇人の人びとが居住していたことが前田原村の「穢多宗門人別改帳」から知られる（原田泰家文書）。つまり安政二年前後には、二〇人から二四人ぐらいの人びとが居住していたことになる。そのうちの何人かが権太郎らとともに捕り物に参加したものと思われる。

このことは、二節で見た権太郎らの帰村許可願書に「組合」として前田原村の半七・半三郎が署名していることから裏づけられよう。半七・半三郎は権太郎らと「組合」になっており、ともに警備に従事していたことから、負傷した権太郎らの帰村許可願書に名前を連ねたものと考えられる。

五　甲州で捕らえられた仁作

右の捕り物から二年後の安政四年（一八五七）八月八日、佐久郡海ノ口村の村役人は、甲府陣屋へ出張中の御影陣屋手代本庄鉞蔵（先に見たように小諸藩の角田と相談して元太夫を御影陣屋の「雇い足軽」として幕府へ報告することを決めた人物）からきた命令を、周辺の広瀬村両組・樋沢村・御所平村・原村の村役人へ通達した。次のとおりである（『川上村誌　資料編』）。

口達覚え書

一、このたび去る卯年、中山道小田井宿において、捕り方のものへ手向かい致し候越後無宿仁作儀、甲州において召し捕り候につき、御影陣屋へ、来る十日頃差し立て候につき、左の村々より警固として村々家数に応じ、人足二十人・三十人、小村分の村は右に応じ差し出だすべし。もっとも、日限治定は、甲府陣屋打ち合わせのうえ取り極め、懸《かかり》より相達すべく候えども、人数用意まにあい兼ね候ては、差し支えに相成り候間、前広にこの段申し達し置く事。

一、右のほか、村々猟師ども残らず、鉄砲ならびに火薬・火縄なども多分用意、召し連れ申すべきの事。

一、人足差し添えとして、村役人両三人ずつ、もっとも役人のうちは脇差免じ候事。

一、場所の儀は、長沢村番所前まで、村々一同まかり出で申すべき事。

一、刻限の儀なども甲府より出立、そのほか治定のうえ、急廻状をもって申し達すべき事。

一、人足・村役人など弁当多分用意致し、なるたけ所迷惑に相成らざるよう致すべき事。

一、猟師鉄砲は、多分はこれあるまじき間、威筒《おどし》ならびに村々にて売買の筒など所持のものは、右ともに持参致すべき事。

右のとおり、御出役本庄様より仰せつけられ候間、その御村々人足御用意、まちがいなく差し出しなられ候。(ならるべく)かつ刻付《こくづけ》をもって早々御順達下さるべく候。以上。

巳八月八日未下刻出し　　　　海ノ口村役人

広瀬村両組・樋沢村・御所平村・原村
　　　　御名主役人中様

　これによれば、先の捕り物のさいに逃亡した「無宿」の一人である「越後無宿仁作」（元力士荒川こと国五郎）が、二年後に甲州で捕らえられたことがわかる。これは捜索の結果であろうか。そうだとすれば捜索は甲州へもおよんでいたこと、また長期にわたってつづけられていたことになるが、御影陣屋にそれだけの労力・時間はなかったと思われる。おそらく何か別の事件で甲府陣屋に捕らえられた仁作が、取り調べの過程で先の捕り物のさいの逃亡者であることが判明し、御影陣屋へ通報されたものと推測される。

　そこで、仁作を引き取りに甲府陣屋へ行った本庄が、甲府から御影陣屋へ仁作を護送するにあたって、沿道の村々へ警固の人足を出すように命じたのが、右の通達ということになる。通達によれば、人足は一村あたり二、三〇人（小村はそれに準じて）出るようにとされ、さらに猟師は残らず鉄砲を持って出るようにとされているから、一〇〇人前後の人びとが動員されたことになろう。ものものしい警戒ぶりといえる。

　囚人の護送のさいに常にこのような動員がおこなわれたものか、特例としてこのような動員がおこなわれたものかはわからないが、いずれにしても囚人の護送が警戒を要する危険な役割であったことがわかる。このことからも、こうした「無宿」などの取締りに日夜あたっていた部落の人びとの役割が、危険なものであったことがうかがわれよう。

六　村・町の警備

この章では、部落の人びとが代官所役人につきしたがって「無宿」を捕らえにいったことを見てきた。このように部落の人びとは、代官所や藩から命じられて捕り物に当たったり、さらには脱走者の捜索に当たったり、捕らえた囚人の護送に当たったり、牢屋の番（牢番）に当たったり、処刑場の警備に当たったりと、さまざまな警備の役割に従事した。ときには百姓一揆の鎮圧に動員されることもあった。

部落の人びとは、こうした領主から課された警備役に従事するとともに、日常的には旦那場である村や町の警備に従事していた。その具体例は次章でも見るが、ここで佐久郡八重原村の部落の人びとの村における警備のようすを少し見ておこう。八重原村の部落は第二部一章で述べるように、江戸時代中期に彦八という人物が自ら希望して小県郡上丸子村から引っ越してきたことによってできた部落である。その任務は定期的に村を見廻ることであったが、臨時的に次のような任務も命じられている（東御市大塚晴三家文書）。

天保一〇年（一八三九）八月一〇日、彦八（右の彦八の子孫）は名主から呼び出され、上八重原・中八重原・下八重原を昼も夜も手分けして見廻るように命じられている。尾張大納言の簾中（奥方）が中山道を通行するために、村中の大人が助郷に動員されて出払ってしまい不用心だから、というのである。

弘化三年（一八四六）八月一日、彦八は名主から呼び出され、来る八月五日は鎮守の祭礼の日だが、若者たちが相撲をしたいと願い出たので許した。ついては、社地で何か起こったら取り締まるようにと命じられている。祭礼相撲の警備にも従事したことがわかる。

天保三年（一八三二）六月には、火の番を命じられている。五月二九日ごろから六月にかけて「つけ火」（放火）があいついだからである。そこで下八重原では、村人に夜番をさせるとともに、部落の人びとへも見回りを命じたのである。

天保一三年（一八四二）三月三日、彦八・彦惣は名主から呼び出され、今夜名主宅へ「金番」として部落の人びとを四人出すように命じられている。この日、村民から取り立てた金や、村民へ返済するための金が名主宅に保管されることになったからであった。その警備を上・中・下八重原から各一人ずつの村役人と、部落の四人でするようにというわけである。部落の人びとが金の番にも従事したことがわかる。

このように八重原村の部落の人びとは、村から命じられて「火の番」「金番」などさまざまな警備に従事したが、これは他町村でも同じだった。信州の部落の人びとは、政治権力から命じられて捕り物などにも従事したが、日常的には村・町から命じられて村・町の警備に従事していたのである。では、なぜ部落の人びとが警備に従事したのかといえば、そうした能力をもった人びとと見られていたからだと考えられる。

なお、一言つけ加えておけば、部落の人びとがそれぞれの村や町へ住むことになったのは、政治権力が警備上の理由から強制的に配置したからだとする論者があるが、信州に限っていえばそのような事実は、近世初頭の城下町の建設時に城下町へ招致されたような特定の場合以外、論証されていない。第二部一章で述べるように、その居住地の多くは、部落の人びとと村・町との関係で決められたと考えられる。

第三章　「敲」役
――小諸藩における「敲」刑の始まり――

一　「敲」刑

近世部落の人びとが、処刑にかかわる役割に多く従事したことはすでによく知られている。ここで処刑役といわないで、処刑にかかわる役割というのは、処刑を執行する役割に従事した場合と、処刑を執行する役割には従事せず（従事させられず）、処刑の準備や後片づけ、あるいは処刑場の警備といった役割に従事した場合とがあるからである。

信州においては、中野天領の部落の人びとが牢番役に加えて処刑役に従事していたことを、湯本軍一が明らかにしている。そこでは部落の人びとが、だれが「太刀取《たちとり》」をするかをめぐって争っているので、処刑役に従事していたことはまちがいない。また、塚田によれば松本藩領でも部落の人びとが「太刀取」をめぐって争っている。樋口和雄（二〇〇一）によれば、松代藩では部落の頭である孫六の「身近な者たち」が「太刀取」をしていたという。尾崎によれば、小諸藩・佐久郡内奥殿藩領・上田藩でも部落の人びとが死刑執行に従事していた。これによって、信州では多くの藩領・天領で部落の人びとが処刑役に従事していたといえよう。

さて、江戸時代の刑罰の一つに「敲」刑があったこともすでによく知られていよう。その「敲」刑が、小諸藩では江戸時代後期の文政七年（一八二四）にはじめて採用されこと、その執行のさいの部落の人びとの役割が明らかになった。この章では、それを見てみたい。

本題に入る前に「敲」刑とはどのような刑罰であったかということを、『国史大辞典』で見ておこう（重松一義執筆）。

たたき　敲　江戸時代の刑罰の一種。牢屋の門前で罪人の肩・背・尻などを五十または百、連続して強く打つもので、二種あり、単に敲と言い渡した場合は五十敲（軽敲）で、百敲の場合は重敲と指定して言い渡され入墨が併科される場合が多い。庶民の男子にのみ科し、武士・僧侶・婦人には科されない。敲は牢屋敷表門の前に筵を三枚敷き、連れ出した囚人を褌《ふんどし》一本の裸にし、着物を筵の上に敷き、その上に腹ばいにさせ、往来の方に頭を向け、手足を下男が押えつけ、打役が箒尻（長さ一尺九寸、竹片二本を芯棒に、麻苧または革で周囲三寸ほどの太さにし、その上を紙捻で巻いた苔）で打つのである。打ち方は科人の肩背骨を除き気絶しないよう指示され（享保五年（一七二〇）極『御定書御仕置仕形之事』）、百敲の場合は五十打して本道医師が気付けを呑ませ、下男部屋頭が頭水をかけ、打役も交替する。この刑罰の敲のほか、入牢中の囚人の喧嘩口論・牢抜け未遂などへの懲戒罰として牢庭敲がある。

これによって「敲」刑についての概略を知ることができる。ただ、どのような身分の人が「打役」（敲

「敲図」(『古事類苑』法律部二より転載)

役）を務めたかはここには述べられていない。そこで『古事類苑』に引用されている「御定書百箇条」を見ると、「牢屋同心に敲《たた》かせ候こと」と記されている。したがって幕府では、武士身分に「打役」をさせていたことになろう。ちなみに『古事類苑』には、前頁のような「敲図」が掲載されている。これを見ても「打役」は、「打役筆頭」と記された「数取」（打数を数える役）と同様に、羽織を着て、刀を二本差しているので武士身分であったことがわかる。しかし、後述するように小諸藩やその近領では「えた」身分の人びとが「打役」を務めているので、「打役」をどのような身分の人が務めるかは、幕府・藩によって異なっていたといえよう。

なお、『古事類苑』によって『国史大辞典』の説明を少し補足しておくと、幕府が「敲」刑をはじめて執行したのは享保五年（一七二〇）四月一二日で、三笠附というばくちをした者を、牢屋敷の門前で箒尻で五十敲し、追放を申し付けた。また、延享四年（一七四七）以後一時中絶したが、寛延二年（一七四九）に復活されたという。

二　小諸藩における「敲」刑の始まり

文政七年（一八二四）一月一一日に家老本職となった牧野勝兵衛成章の同年の「日記」（牧野一郎家文書）の一一月二九日条に、およそ次のような記事がある。

小諸藩にはこれまで「敲」刑がなかった。こうしたなか、一度追放刑とされた者で、再度捕らえられる者があった。この者には死罪とするほどの罪はない。しかし、一度追放刑を科したのだから、再び追放刑とするのでは量刑として不十分だ。こうした者のほかにも追放刑だけでは量刑として不十分と判断される者がいる(ということは、小諸藩ではこのときまで追放刑の上の刑罰は死刑だったことになろう)。このような者にどのような刑罰を科したらよいか問い合わせていたところ、「敲」刑を科したうえで追放刑を科すということが、幕府や諸藩でおこなわれていることを、江戸にいる留守居役が知らせてきた。留守居役はまた、「敲」刑の執行の仕方や道具の拵え方まで問い合わせて知らせてきた。そこで、先だって平原村で「えた」に手疵を負わせた「無宿者」二人に「敲」刑を科した。ただ追放刑を科すだけでは量刑として不十分と判断されたからである。小諸藩では、このときから「敲」刑が始まった。

この記事から、小諸藩では幕府や諸藩の事例を参考にして、文政七年一一月二九日にはじめて「敲」刑が執行されたこと、「敲」刑を執行されたのは平原村で「えた」身分の人びとに怪我を負わせた「無宿者」二人だったことなどがわかる。

「日記」には、右の記事につづけて、「敲」刑がどのような役割分担で執行されたかも記されている。すなわち「敲役（打役）」と受刑者の「手足押さえ候人」が「えた」身分、「敲の数取り」が町同心とされ、「敲」刑の執行のさいには足軽小頭と下目付も出役することとされている。

それでは、なぜ「敲」役が「えた」身分の人びとの役とされたかというと、「敲役の儀、御近領承り合わせ候ところ、穢多にもござ候につき、この方も穢多に申しつける」と記されている。近領に問い合わせたところ、「えた」身分の人びとの役とされていたので、小諸藩でも「えた」身分の人びとの役としたというのである。この近領がどこかはわからないが、岩村田藩・上田藩あたりではないかと思われる（先に見たように上田藩では「たたき役」は部落の人びとの役とされていた）。

ちなみに、近領である御影代官所では「足軽」に「敲役（打役）」をさせていた。小諸与良町の小山信徴の天保三年（一八三二）の「雑事日記」の五月一二日条に、小原村の農民である与五郎と安吉がばくちの罪で「百敲」に処せられたが、そのさい「御足軽、しなえ（竹刀）にて打たれ候由」と記されている（斎藤一九九三）。

それはともかく「日記」には、右につづけて「もっとも、時に取り町同心以下へは、それぞれ鳥目取らせ候ことに相極まり」とも記されている。「敲」刑の執行にあたった町同心以下へ、場合によって「鳥目」（報酬）を与えることにしたこともわかる。

三　その契機となった平原村での事件

1　平原村での事件

「日記」には右の後に、平原村で「えた」三人へ怪我を負わせた「無宿者」二人に対する裁許も記されている。この裁許によって平原村での事件のあらましがわかる。しかし、この裁許にはわかりにくいところがある。

そこで、この事件が発生した七月二五日条を見ると、そこにもこの事件のことが記されていた。この記事と裁許とを比べると、事実関係が異なっているところがある。たとえば、この記事では平原村の若者たちが「手づま」（手品）をしていたとされているが、裁許では「品玉遣《つか》い」（手品師）がやってきたとされている点などである。この記事は、事件が発生した当日に記されたものだから、まだ正確に事件が把握されていなかったように思われる。

このように記事によって異なるところがあるので、この事件を正確に把握することはむずかしい。しかし、この記事と裁許のほかに、後述する部落の人びとの二通の願書にもこの事件のことが記されているので（ただし、この二通にも異なるところがある）、それも加味しながらこの事件をたどると、およそ次のようになる。

事件が起こった七月二五日は、平原村の秋祭りの日だった。「品玉遣い」がやってきて、茶屋をしている長右衛門の店前で「手づま」を見せていたので、若者が大勢集まって見物していた。そこへ「無宿者」が二人、一人は駕籠に乗り、一人は歩いてやってきた（または、先にやってきて茶屋で休んでいた）。「無宿者」は品玉遣いへ「花代」（見物料）を払って、自分たちにも見物させるようにいった。そこで品玉遣いが手づまをし、それを見物しているところで（または、芸が終わったところで）事件が起こった。平原村の徳五郎という、当時は髪を剃って道心のようになっていた男が「無宿者」の見物のじゃまをしたらしいのである。それに対して「無宿者」（または、駕籠人足）が徳五郎に対して「じゃまだ」と怒り、「無宿者」の一人谷五郎が「斬ってしまえ」といって脇差に手をかけた（または、「無宿者」二人が脇差を抜いた）。そこで警戒に当たっていた三之助・源七・円蔵の三人が「無宿者」を捕らえようとした（または、三之助が捕らえようとし、源七・円蔵がそれにつづいた)。しかし三人は、もう一人の「無宿者」である安五郎によって脇差で斬られてしまった。それでもひるむことなく、「無宿者」二人を捕らえた。

これが概要で、村人に乱暴しようとした「無宿者」二人を部落の三人が捕らえようとして、「無宿者」を捕らえることはできたが、そのさい斬られて負傷したことがわかる。ここでも部落の人びとが危険な役割に従事していたことを見ることができる。

2　二人は重傷だった

ところで右の裁許には、「無宿者」が部落の三人へ怪我をさせたのは「重々不届き」で、重い刑罰を科さなければならないところだが、部落の三人の怪我も「平癒」したので、格段の慈悲をもって「領分構い」「敲の上追放」を申しつけると記されていて、三人の怪我の状態などは記されていない。

一方、七月二五日の記事の後半部分からは、三人の治療のために「御医師」(藩医)を派遣してほしいという願いが、小諸藩の「穢多頭」である弥右衛門から藩へ出され、家老によって許可されていることがわかる。このさい弥右衛門は、先年荒町へ熊が出て部落の人が怪我をしたときにも藩医を派遣してもらったことがあるという先例を申しそえている。周到な願い出といえよう。

ちなみに柴田道子『被差別部落の伝承と生活』には、小諸の被差別部落の伝承として、小諸の蛇堀川の上に熊が出たさい、藩主の命令で熊を捕らえようとした部落の清一郎が負傷した。その治療のために「御典医をさしむけられた」という伝承が紹介されている。弥右衛門が申しそえた先例がこのことを指しているかどうかは定かでないが、部落の人が熊に負傷させられ、その手当のために藩医が派遣されたことは事実だったといえよう。

　この弥右衛門の願いに対して家老は、右のような先例もあり、ことに今回は村人に乱暴しようとした「不届き者」を捕らえようとして怪我をしたのだから、治療してやるべきだろうと、藩医の派遣を決定した。しかも、緊急を要するという理由で、通常の指揮系統を飛ばして三奉行の伊藤清太夫から直接に目付と藩医へ通達することとされ、その日の夜に本道（内科）と外科の藩医二人が平原村へ派遣されたこともわかる。破格の扱いといえるが、村人を守ろうとして怪我をしたことが、破格の扱いをさせたものと考えられる。

　それでは、三人の怪我の状態はどうだったか。「日記」の翌七月二六日条には、治療から帰った二人の藩医の復命と、「疵所書」（診断書）が書き留められている。

　一、申の刻前、昨夜平原村へ差し出し候御医師衆両人まかり帰り申し聞け候は、穢多三之助・延《(円)》蔵両人は、疵所むずかしく候間、この上如何参るべきや計り難き旨申し聞ける。別紙疵箇所、左のとおり。

疵所書

平原村怪我人

穢多

三　之　助

助の後より背骨の際まで深手六寸二分

十針　　　　　　申二十七歳

同断

左鬢先浅疵一寸、左眉の上浅疵一寸、　　源　七

目尻より頰へかけ一寸七分　　　　　三十六歳

二針

同断

右手大指外横疵浅手、左腕疵二寸四分、　　延　蔵

大指の股骨際まで切り込み疵一寸六分　　二十三歳

四針

右のとおりにござ候。以上。

七月廿六日　　　　　　　　　　佐野静十郎

井出自三

右のとおり両人申し聞け、命のほど計り難く、療治中たびたび気絶いたし候旨申し聞ける。

右の「疵所書」によって、怪我をした三人の名前・年齢と怪我の状態などがわかる。三之助・二七歳は背中を半分斬られ、一〇針縫っている。源七・三六歳は、顔を三か所斬られているが、これは二針ですむ比較的軽傷だった。円蔵・二七歳は、右手に軽傷、左腕にも負傷しているが、最大の傷は左手親指の股の骨際までの切り込み傷であった。円蔵は四針縫っている。

注目されるのは、藩医の復命である。復命によれば、三人のうち三之助と円蔵は「疵所むずかしく」「命のほど計り難（い）」というのである。また、「療治中たびたび気絶」したとも報告されている。大量の出血と痛みのゆえであったと思われる。

先に見た裁許には、三人とも「平癒」したと記されていたが、そのうち二人は藩医から「命のほど計り難（い）」といわれる重傷を負っていたのである。最終的には治療のかいがあって三人とも「平癒」したが、そのうち二人は一時、生死の境をさまよっていたのである。「無宿者」に斬られそうになった村人を守ろうとして、このような重傷を負ったのだった。

四　部落からの願書

これまでは小諸藩の家老の「日記」からこの事件について見てきたが、この事件が発生した平原村の名主を務めていた小林家の文書（小林七左家文書）のなかから、この事件に関して部落の人びとが書いた願書の下書の写と見られるものが二通見出された。部落の人びとが書いた願書の下書の写が名主家文書にふくまれていたのは、次の願書に見られるように、願書には名主ら村役人も奥書をすることになっていたからだと考えられる。

一通は、次のとおりである。

恐れながら口上書をもって申し上げ奉り候

手負い人

三之助　二十七歳

同断

源七　三十六歳

同断

円蔵　二十三歳

一、今日御村方長右衛門様店前において品玉遣い芸など致し居り候ところ、長脇差二人、一人は駕籠にて参り、一人は歩行にて参り、右品玉遣いへ花代遣わし、見物致すべき由申すにつき、諸芸仕り相済み候砌、御村方徳五郎様見物致し居り候ところ、坊主の分として先へ出張り候は不届き者、斬ってしまい申すべきと、両人とも脇差一同に抜き連れ候につき、御当所御旦那様方手疵など受け候ては、私ども居かかり候甲斐もござなく候故、三之助・源七・円蔵右三人踏み込み捕り押さえ申すべきと存じ候ところ、数箇所手疵を負い、三之助儀は余り心外に存じ、帯刀仕り候谷五郎捕り搦め、追々踏み込み安五郎ともに両人捕り押さえ申し候。私ども手疵を負い候儀は少しも難儀とは存じ申さず、御当所御旦那様方御不難のほど、御奉公と存じ奉り候。何卒御慈悲をもって御吟味なし下し置かれ候わば、明白に相分かり申すべくと存じ奉り候。この上幾重にも御慈悲御願い上げ奉り候。以上。

平原村
穢多
三之助
源　七
円　蔵

申七月二十五日

穢多頭
弥右衛門

右三人の者相尋ね候ところ、少しも相違ござなく候。以上。

立会

前書のとおり当村穢多ども手負いの始末相尋ね候ところ、相違ござなく候。以上。

名主・役人印

宛同断

もう一通は次のとおりである。なお、この史料は市川包雄が最初に紹介し、検討を加えた。

恐れながら口上書をもって申し上げ奉り候

穢多
三之助
未二十七歳
源七
未三十六歳
円蔵
未二十三歳

一、私ども儀、御当所御祭礼につき、家内に居合わせ、御村方長右衛門様店前において、長脇差二人、一人は駕籠、一人は歩行にて参り居り、胡乱がましく存じ奉り候につき、控え居り候ところ、品玉遣いへ花代遣わし、見物致すべき由申し候て、芸など始め、御村方徳五郎様見物いたし居り候ところ、追分宿駕籠人足申し候は、この坊主邪魔の坊主と申し候えば、長右衛門様の店に居り候一人申し候は、何、坊主斬ってしまえと申しながら、腕まくり仕り、駕籠の中の脇ものに手を掛け候につき、三之助申し候は、村方旦那に悪言申し掛け、不届き者、下の者に候と申し、踏み込み、取り押さえ、縄掛け申すべきと存じ候うち、外一人駕籠より脇差引き抜き、三之助へ斬りかけ申し候。しかるところへ追々源七・円蔵踏み込み、両人ともに取り押さえ申し候。全く御当所御旦那様方御不難のほど、御奉公と存じ奉り候。何卒御慈悲をもって御吟味なし下し置かれ候わば、明白に相分かり申すべきと、恐れながら存じ奉り候。この上幾重にも御慈悲願い上げ奉り候。以上。

年号
月日

穢多
三之助
同断
源七
同断
円蔵

前者と後者とを見比べると、主旨は同じで、捕り物にあたった三人から藩へこの事件の顚末を届け出たものといえる。したがって、一通は下書で、もう一通は下書の下書と考えられる。それではどちらが下書かといえば、前者ではないかと思われる。なぜかというと、前者のほうが書類として整っているからである。すなわち後者では差出人の三人の名前しか書かれていないのに対して、前者では差出人の三人の名前の後へ「穢多頭」「立会」役が奥書をし、さらに名主ら村役人が奥書をすることになっている。もう一つ、後者には三之助が斬りかけられたことしか記されていないのに対して、前者には部落の三人が「無宿者」に斬られて手疵を負ったことが記されているからである。

というのは、この願書の差出人は怪我をした三人になっているが、すでに見たように三人のうち二人は瀕死の重傷を負っていた。残る源七も怪我をしていて、このような願書を書ける状態にはなかったと思われる。そうすると、この願書を書いたのはだれかということが問題になるが、前者に三人以外で唯一名前が記されている「穢多頭」弥右衛門ではないかと推測される。なぜなら、先に見たように弥右衛門は怪我をした三人の治療のために藩医を派遣してほしいと藩へ願い出ていた。それにかかわってこの願書が必要だったのではないかと思われるからである。

そう考えると、この願書が部落の人びとの警備役としての存在意義を強調していることにも納得がいく。すなわち後者では「全く御当所御旦那様方御不難のほど、御奉公と存じ奉り候」としか述べていなかったが、前者ではこれを強調して「私ども手疵を負い候儀は少しも難儀とは存じ申さず、御当所御旦那様方御不難のほど、御奉公と存じ奉り候」と述べている。村人さえ無事なら自分たちが怪我をしたことなど少しも難儀ではない、村人を守ることが私たちの務めなのだからと述べているのは、このさい部落の存在意義を藩へアピールしておこうという「穢多頭」弥右衛門のおもわくから出たものではないだろうか。もちろん、すでに見たように部落の人びとがいわば体をはって村人を守る役割に従事していたことはまちがいないが。

なお、この二通の史料からは部落の人びとが村人を「旦那」と呼んでいたことも知られる。第二部一章で見る高野町村の太兵衛・与左衛門から五郎兵衛新田村の名主らへ提出した証文でも、村人のことを「旦那」と呼んでいるので、部落の人びとは村人を「旦那」と呼ぶのが一般的だったと思われる。

五　「敲」刑における部落の役割

小諸藩が「敲」刑を採用するにあたり、部落の人びとに「敲役（打役）」と受刑者の手足を押さえる役を課したこと、また、「敲」刑の執行にあたった町同心以下へ時には報酬を与えることにしたことを最初に見たが、実際そのとおりおこなわれていたことが、家老牧野主鈴成裕の天保一〇年（一八三九）の「日記」からわかった。

一一月五日条には、信州小県郡塩尻組新町村元百姓で当時「無宿」の繁吉こと倉蔵・二七歳と、信州佐久郡沓沢村元百姓で当時「無宿」の宗作・二一歳が「五十敲の上追放」とされたことが記されている。倉蔵は、上田城米を盗んだ勝蔵兄弟が米を運ぶのを手伝ったことが罪に問われた。宗作は、小諸城下で「往来の女を奪い取」ったことが罪に問われた。

その二日後の七日条には、次のように記されている。

一、当五日敲の節、穢多どもへ下さる。左のとおり。

二百文　　穢多頭　作左衛門
七百文　　立会　七　人
四百文　　敲役　二　人
八百文　　押さえ手　八　人

右のとおり、文政十亥年十二月二十一日の当にござ候旨、外に百文こも六枚、二十四文茶わん一つ、二十二文柄杓一本。

右の趣、今日高崎寛吾申し聞け候。

五日の「敲」刑の執行にあたった部落の人びとへ、報酬が支払われたことがわかる。「穢多頭」が二百文、「立会」七人が七百文（一人百文）、「敲役（打役）」二人が四百文（一人二百文）、「押さえ手」八人が八百文（一人百文）であった。これによれば、「穢多頭」と「敲役（打役）」が一人二百文で、ほかの人びとは百文ということになる。「敲役（打役）」が重い役であったことがうかがわれる。また、右の記事から部落の役人である「穢多頭」「立会」が「敲」刑にかかわっていたこともわかる。このほか「敲」刑の執行には、「こも」六枚代百文、「茶わん」一つ代二四文、「柄杓」一本代二二文がかかったこともわかる。

ところで、右の記事には「文政十亥年十二月二十一日の当にござ候旨」という一文がある。これは「小諸藩御用部屋日記」の同日条に先例が記されていることを示していると思われるが、天保以前の「御用部屋日記」は現在まで見出されていなくて調べることができない。ただ、牧野成章の文政一〇年の「日記」の同日条に、小県郡姫子沢村出生で当時無宿の音吉・三〇歳らが「百敲の上追放」とされたことが記されている。しかし、報酬に関する記事はない。おそらくこのときも部落の人びとが「敲」刑の執行に従事し、報酬を与えられたものと推測される。

牧野成裕の天保一〇年の「日記」にもどると、一二月一五日条には菱野村百姓佐太夫倅で「当時帳外無宿」の民吉・三七歳が「百敲の上御領分御構い追放」とされたことが記されている。民吉は盗みをして、盗品を小諸町で売ったことが罪に問われた。

その三日後の一八日条には、次の記事がある。

一、菱野村無宿民吉敲御仕置きの節、穢多どもへ左のとおり下され候よう申し聞け候間、取らせ候よう申し達す。

鳥目二百文　穢多頭　作左衛門
同　七百文　立会　七　人
同　四百文　敲役　二　人
同　八百文　押さえ手　八　人

右の外にこも代百文、茶碗・柄杓は先日の敲より間これなく候につき、左を用い候段奉行衆申し聞け候。

一五日の「敲」刑執行の報酬を与えられたことがわかる。先に見た一一月の例と合わせてみると、執行から二、三日後に報酬が支払われることになっていたと思われる。その額は一一月と同じだから、「五十敲」でも「百敲」でも額は変わらなかったことになる。また、「こも」代は百文かかっているが（「こも」は汚れるから新調しなければならなかったのであろう）、「茶碗」と「柄杓」は前回から日がたっていなかったことから同じものが使用されたこと（したがって費用がかからなかったこと）もわかる。

六　「敲」役と差別

この章では、小諸藩が「敲」刑を採用した経緯と、「敲」刑執行のさいの部落の人びとの役割について見てきた。これによって小諸藩には、追放刑と死刑の中間の刑罰がなかったことから、幕府や諸藩の事例を参考に、文政七年（一八二四）一一月二九日にはじめて「敲」刑が執行されたこと、そのさい部落の人びとが「敲役（打役）」や受刑者の手足を押さえる役目を課されていたことがわかった。また、それに対して報酬が与えられたこともわかった。

ここで考えなければならないのは、おそらくこのことが部落の人びとに対する憎しみや蔑視を増幅したのではないかと考えられることである。かりに受刑者に「敲」刑に処せられるべき罪があったとしても、人前で五〇回、百回と敲かれるのはおもしろくなかっただろうと思われる。その憎しみは、往々にして「敲役（打役）」や押さえ手を務めた部落の人びとに向けられることになったのではないか。ましてそれが冤罪だったとすれば、なおさらであったろう。ちなみに、右の「敲」刑執行の記事によれば、受刑者は「わらじ銭二百文」を与えられて追放されている。しかし、二百文ではとても遠くへは行けないはずだから、これらの受刑者が再び舞い戻ってくることもあったと推測される。

そして「敲」刑でもそうであったとすれば、死刑ということになれば、死刑囚や関係者の憎しみはさらに大きなものになったと思われる。こうしたことも部落の人びとを差別することにかかわっているのではないかと考えられる。ただし、先にも述べたように死刑を執行したのは部落の人びとだけではなかった。武士が死刑を執行したこともあった。だから、死刑を執行したから部落の人びとは差別されたとはいえない。このことも考える必要があろう。また、「敲」刑や死刑の執行は、領主から部落の人びとに課された役割だった。このことも見落としてはならないであろう。

第四章　斃牛馬処理・皮革業と革役

一　斃牛馬処理をめぐって

近世部落の人びとが従事した役割・生業の一つで、部落の人びととともっとも密接に結びついていたのが斃牛馬処理であり、皮革業であろう。すなわち死んだ牛馬を解体処理し、皮をなめしたり、皮革製品を製造したり、爪や毛を加工したり、骨を焼いて肥料（骨灰）にすることなどをおこなった。また、なめした革や製造した皮革製品を領主から命じられて上納することもおこなった（「革役《かわやく》」と呼ばれる）。この斃牛馬処理権は部落の人びとが集団としてもっていたものであり、革役負担も集団として負ったものだった。こうしたことから斃牛馬処理・皮革業と革役に関する研究は、早くから全国各地で進められてきた。

ところが長野県は、東日本において部落史研究が早くから活発に進められてきた県であるにもかかわらず、これまで斃牛馬処理をテーマとした研究はない。斃牛馬処理に関する史料が、きわめて少ないことによると考えられる。なぜ少ないかといえば、斃牛馬処理は部落の人びとによっておこなわれたことだから、斃牛馬処理に関する史料は基本的には部落内で作成され、部落内に伝えられるものであった。その部落内史料が長野県では、ほとんど伝えられていないからである（まだ公開されていないものがあるかも知れないが）。このため領主側や村・町側に残されたわずかな史料から探るしかない。これが斃牛馬処理をテーマとした研究がない理由だと考えられる。

とはいえ、塚田・尾崎をはじめとする先学がそれぞれの研究において言及はしている。また、関係史料が掲載されている史料集などもある。この章では、先学の研究や史料集などから斃牛馬処理に関するものをピックアップして、信州の近世部落の人びとの斃牛馬処理と革役について見ることにしたい。

二　塚田正朋の研究から

1　近世初期の大名への皮革の上納

この問題に関しても、信州の近世部落史研究の先駆者である塚田正朋がもっとも多く言及している。塚田の研究から見ることにしよう。

塚田は「皮革業」という観点から述べているが、いくつかの村の近世初期検地帳に「かわた」「かわらのもの」と呼ばれた人びとが一、二名記載されていることを指摘し、このように少数であったのは信州では皮革需要が少なかったからだとしている。このため「軍需品として皮革の必要が増大するにつれ」「戦国大名は領内の『かわた』を城下に結集して、皮革を一手に掌握しようとした」と述べ、その事例として松本領と松代領をあげている。

松本領に関しては文禄三年（一五九四）に、領主石川康長が領内の「かわたどもへ」あてて、前代の小笠原氏時代と同じように「皮一枚ずつ」を上納するように命じた史料を掲げ、「かわた」と呼ばれた人びとが「本来の生業の皮革生産の奉公」をしていたと述べている。また、松本領の部落の頭であった「大友家の祖先についての伝承文書」を紹介し、「村々長吏の頭からそれぞれ一枚ずつの皮をおさめている」とも述べている。その伝承文書を見ると、領内三五人の「長吏」が「上様へ軍用御革ながなが献上仕りたき段申し出で」、革を上納することになったと記されている。

さらに近世中期の享保一一年（一七二六）の「(領主）戸田光慈による安堵状に相当する」連署状と「覚書」を掲げ、連署状からは「かわた頭」の役目がわかるとしている。すなわち連署状では、「かわた頭」は「御領分かわた役その外御用」および「掃除場など」のことを配下の「かわた」へ油断なく申しつけるように命じられている。また「覚書」からは、近世中期には「皮の現物は必要ある場合に用命あるとされ、平素は『革役金』という金納にかわって」いたことがわかるとし、「そこに皮革製品が、社会の平和な推移につれて、軍需をはなれ、一般の流通市場を目あてに商品生産されるようになった事実を反映していよう」と述べている。

次に松代領については、慶長三年（一五九八）に領主田丸直政が「かわや者頭孫六」へあてた史料（この史料は第二部三章に掲げる）から、孫六が「鉄砲とうらん一〇、鼻皮五間などのかわや役」などを務め、それらの奉公の「代償として領内百姓の一軒ごとに籾一升を徴収できる権利と居屋敷を与え」られたことがわかるとしている。「鉄砲どうらん（胴乱）」は、鉄砲の玉を入れる革製の袋で、「鼻皮」は馬の鼻づらにかける革紐である。ちなみに、『部落史史料選集』第二巻は「鼻皮五間」を「厩五軒分、つまり馬五頭分」と解説しているが、「五間」は「鼻皮の長さ」を示したものであろう。なお、松代藩でも近世初期には「皮の現物上納」であったが、後期には銭で納めるようになっていたことを、樋口和雄（二〇〇一）が指摘している。

この二つの事例のほかに塚田は、正保五年（一六四八＝慶安元年）に小諸藩主が「ちょうり頭半右衛門」へあてた史料から、小諸の部落の人びとの役儀は、「ろうやの番、かわら御門の掃除、御馬のはなかわ・はつな、唐革の白革にもみ、右皮なめし申すべきこと」で、「ここでもかわた役のほか牢番・清掃等があげられている」と述べている。この史料の「唐革の白革にもみ、右皮なめし申すべきこと」という箇所は、外国輸入の皮を白い革になめして「はなかわ・はづな」を上納するようにと命じたものと解釈される。ちなみに尾崎が引用している別の写本では「唐革」が「鹿の革」になっている。これにしたがえば鹿の皮を白革になめすことになろう。それはともかく、このことから小諸藩でも部落の人びとが「革役」を務めていたことがわかる。

このように塚田は、近世初期に部落の人びとが領主から命じられて「革役」を務めていたことを明らかにした。この前段で斃牛馬処理がおこなわれていたことはいうまでもないであろう。

2　近世後期の皮革業

塚田は、近世後期における部落の頭と配下の人びととの係争のなかに、「皮革の生産や販売の自由をめぐる」係争があったことも明らかにしている。

塚田があげた事例は二つで、その一つが、文化元年（一八〇四）に上田藩の川東七か村・川西八か村・川中島四か村、つまり上田藩領全域の部落の人びとが、頭小十郎と年寄役を相手取って起こした争いである。その要求箇条の一つに、

一、落ち牛馬これある節、御用革相済み候えば、勝手次第値段宜しく売り払い候ところ、近年は小十郎申し付け、御領分切りの売買ばかりにて他所売買の儀きびしく法度に申し付け候につき、はなはだ難渋仕り候。御慈悲をもって古来の通り売買自由に相成り候よう願い上げ奉り候。

とある。従来は「落ち牛馬」（斃牛馬）があったさいには、「御用革」の上納さえすめば、残りの革は値段のよいところへ売ることができた。ところが近年は小十郎から、他領へ売ることを禁止され、領分内でしか売ることができず困っている。古来のとおり自由に売買できるようにしてほしい、というのである。配下の部落の人びとが、皮革の「売買自由」を要求したことがわかる。

この争いは文化四年に内済になるが、右の要求に対する結論は次のとおりだった。

一、落ち牛馬皮の儀、御他領へ売り候儀無用たるべく候。御領分の内へは何方へなりとも勝手次第売買仕るべく候。尤も値段の儀は不直の儀仕るまじく候事。

斃牛馬の皮を他領へ売ってはならない。領内で売るように、というのが結論で、配下の部落の人びとの要求は認められなかった。塚田は、「皮革の他領販売禁止」は「藩の方針からでていた」からであろうと推測している。

塚田があげているもう一つの事例は、文政六年（一八二三）四月に、松本藩の部落の頭である彦太夫が居住する出川町村の部落の人びとの連名で、藩会所に提訴された争いである。塚田によると、訴状からは「紛争の当事者が、かたや頭彦太夫および直属の出川の『えた』と、かたや在方配下の村々『えた』とであり、つぎに、係争の種となった問題点が、一は前者による皮革商売の独占にたいする後者の営業自由の要求であり、一は死罪人仕置きの太刀取りに関する割当ての不満であることがよみとれる」という。ここでも「皮革商売の独占対自由」が争われている。

では、「係争の第一点、皮革商売の独占対自由の問題」とはどのような問題かというと、「松本領のばあいは、元来、皮革売買は『頭』彦太夫とその直属配下の出川の『えた』の独占するところであった」。これに対して、「在方配下の『えた』側からする商売への割込み、独占にたいする営業の自由という要求」として出された問題であった。松本藩領でも配下の部落の人びとが皮革の「売買自由」を求めてたたかっていたことがわかる。

このように塚田は、部落の頭らと配下との紛争から、近世後期においても部落の人びとが皮革業に従事していたことを明らかにした。

なお、頭らと配下との紛争ではなく、部落の「主家筋」と「家来筋」との争いであるが、塚田はその争いに関する史料からも、部落の人びとが斃牛馬処理をおこなっていたことを明らかにしている。文化一四年（一八一七）に内済となった、上田藩領東前山村の部落の人びとと別所村の部落の人びととの争いで、「主家筋」である東前山村の部落の人びとが「家来筋」である別所村の部落の人びとを訴えたものである。その訴状には、「私ども（の）被官の印《しるし》に、落ち物の儀は私ども方にて取りしまい申し候御事」「落ち物の儀は、私ども主・被官の印に古来より取り来り候ところ」などと記されている。つまり、東前山村の部落の人びとは「主家筋」であり、別所村の部落の人びとは「家来筋（被官職）」である。そこで別所村の部落の人びとへ旦那場は渡したが、「主家筋」であるしるしに「落ち物」（斃牛馬）は自分たち東前山村の部落の人びとが処理してきたというのである。これによっても部落の人びとが斃牛馬の処理にあたっていたことがわかるが、それだけでなくこの史料からは、部落にも「主家筋」「家来筋」があったこと、および旦那場はもっていても、その旦那場内における斃牛馬処理権はもっていない部落の人びとがいたこともわかる。

これまで見てきたように塚田は、近世初期には大名への皮革の上納、後期には部落の頭らと配下との争いなどから皮革業がおこなわれていたこと（その前段で斃牛馬処理がおこなわれていたこと）を明らかにした。それでは、中期はどうであったか。もちろん中期にもおこなわれていた。そのことを塚田は、「皮革細工が近世を通じて、かれらの生業として存続したこともあきらかである」と述べ、その根拠として「天明年間前後および文化・文政年間の皮革価格を記録した『皮類値段覚』」を掲げている。次のとおりである（ただし、次に掲げる「革類値段覚」は塚田が掲げたものではなく、「長野県史」に掲載されているものである。塚田が掲げたものには虫損によって判読できなかった部分があるからで、後者によってこの史料が「天明年間前後」よりさらにさかのぼって安永二年（一七七三）より前からの皮値段を伝えていることがわかる）。

革類値段覚

先年

一、七百文　男牛皮

一、四百文　女牛皮

一、二百五十文　馬　皮

安永二癸巳年十二月七日改め

一、一貫文　男牛皮

一、六百文　女牛皮

一、三百五十文　馬　皮

天明元辛丑年十二月七日改め

一、一貫六百文　男牛皮

一、九百文　女牛皮

一、七百文　馬　皮

文化九壬申年十二月四日改め
一、一貫八百文　　男牛皮
一、一貫百文　　女牛皮
一、九百文　　馬　皮
文政四辛巳年十二月二日改め
一、一貫九百文　　男牛皮
一、一貫百文　　女牛皮
一、一貫文　　馬　皮
右の通りにござ候。

安永二年（一七七三）から数えても、文政四年（一八二一）までのほぼ五〇年間に、皮値段が二倍近く値上がりしていることがわかる。このことから、皮革（製品）の需要が相当あったことがうかがえる。また値段は、馬皮より牛皮のほうが高く、女牛皮より男牛皮のほうが高かったこともわかる。

三　尾崎行也の研究から

東信地方を中心に精力的に部落史研究を進めた尾崎行也も、斃牛馬処理に言及している。次にそれを見ることにしよう。

尾崎が明らかにしたことの一つは、小諸の部落の斃牛馬処理についてである。尾崎が「かわた」は「本来的には皮革業者」と理解していることは前述したが、このことから「寛永六巳暦卯月吉日　佐久郡与良町縄打帳（写）」に「カワヤ半左衛門」と記されていることを見出し、「半左衛門が『カワヤ』とされていることは、皮革細工をもって奉公していたことの証拠となろう」と述べている。そして、塚田の研究のところで見た正保五年（一六四八＝慶安元年）の史料の写を掲げ、この史料がこのことを「もっと明確に示してくれる」と述べている。ここで尾崎は、「カワヤ」と記されていることから、半左衛門は「皮革細工をもって奉公していた」としているが、これには検討の余地があろう。半左衛門が「カワヤ」と呼ばれた集団の一員であることはまちがいないが、このことが即「皮革細工をもって奉公していたことの証拠」とはならないと思われるからである。

また尾崎は、幕末慶応二年（一八六六）に起こった加増村の部落の頭らと同村の小前の人びととの抗争について検討しているが、そこで尾崎が紹介している、小前の人びとが提出した訴状に次の一か条がある。

一、去る十二、三か年以前、山浦村のうち上ノ平村・久保村・西浦村・鵜久保村、右この村の儀は、先年望月仲間持ち来たり御旦中にござ候ところ、当時作右衛門右の旦中買い取り御旦那場に仕り候ところ、右の廻り場のところ落ち馬これあり候節は、町内小前一同見つけ徳に相成り候ところ、尤も場代として鳥目二十四ずつ差し遣わし申し候。作右衛門古法相潰し、新法に見つけ徳には相成らず、只今は作右衛門私慾取り込み申し候。これらの儀は甚だ一同迷惑仕り候こと。

望月宿の部落の人びとの「廻り場」（旦那場）だった時代（この時代には、望月宿の部落の人びとが共同で「旦那場」を所有していたと推測される）には、「落ち馬」（斃馬）を見つけた人の「見つけ徳」になっていたのに（もっとも、「場代」として鳥目二〇匹＝銭二〇〇文を払うことになっていたが）、小諸藩の部落の頭である加増村の作右衛門が旦那場を買い取ってからは、それが禁止され困っている、というのである。

それでは、この結果はどうなったか。小諸藩の「奉行代官等列席の上」で出された結論は、次のとおりである。

一、望月廻り場にて山浦村のうち三、四か村、作右衛門十三、四年以前買い受け候ところ、先年作右衛門買い受けざる以前、望月の穢多持場にて、落ち馬これあり候えば銭二百文差し出し、見つけ候ものの徳にて相成りおり候ところ、作右衛門買い取り候より左様相成らず申し出で候ところ、この儀は外にも左様に振合もこれあり候につき、これはこれまで作右衛門買い取り候よりの振合にて宜しきと仰せつけられ候。

尾崎が述べているように、小諸藩は「他に例があるとして作右衛門の落ち馬独占権を支持」したのである。このようにこの問題では小前の人びとの主張が退けられたが、ほかの三つの問題では小前の人びとの主張が認められているから、抗争全体としては小前の人びとにとってまずまず望ましい結果になったといえよう。

それはさておき、これによって幕末においても部落の人びとが斃牛馬処理にあたっていたことがわかる。また、「旦那場」が望月宿の部落の人びとの集団的所有から、作右衛門の個人所有に変わったことによって、「見つけ徳」が否定されたこともわかる。「旦那場」は元来は部落の人びとが集団として所有したが、その後次第に個人に分割され、個人の権利のように認識されるようになっていくと考えられる。ここでも、そうしたことが見られるように思われる。

さらに尾崎は、明治五年（一八七二）八月に、加増村部落の大勢組が加増村の役元へ提出しようとした起請書に「以来落ち牛馬生皮の儀は申すにおよばず、皮職の儀きっと相慎しむ」と記されていることも紹介している。このことからも、加増村の部落の人びとが斃牛馬処理、皮革細工に従事していたことがわかる。ただし、翌々明治七年六月には、「佐久一郡村々斃牛馬その他諸獣皮とも、持主へ示談におよび、至当の代価をもって買い取り、いささか不正の筋これなきよう実直に渡世仕り、御冥加として税上納仕りたく願い上げ奉り候。この段御許容なしくだしおかれたく、ひたすら懇願奉り候」という願書を、加増村農願人惣代高橋文右衛門・同万五郎ほか二五人から長野県参事楢崎寛直へ提出している。県の許可を受けて、あらためて皮革業に従事しようとしたことがわかるが、この背景には経済的困窮があったと推測される。

尾崎はまた、上田藩の部落の斃牛馬処理についても明らかにしている。

尾崎は、一七世紀の上田小県地方の文書から、「『かわた』という呼称が圧倒的に多」いことを検出している。

また、上田藩の部落の役儀の一つに「革役」があることを指摘し、それにかかわる次の史料を掲げている。

古来より御用皮と申し候て、御領分仲間中、何れの村方にても斃馬ござ候節は、初皮と唱え候て、毎年春三枚ずつ小十郎方へ差し出し候。

古来より領内に「斃馬」があったときには、「御用皮」あるいは「初皮」といって毎年春に皮を三枚、部落の頭である小十郎方へ提出することになっている、というのである。これによっても斃馬処理をおこなっていたことがわかる。なお、初皮は小十郎がまとめて藩へ上納したものと推測される。

さらに尾崎は、塚田の研究で見た文化元年の頭小十郎らと配下の部落の人びととの争いについても言及している。

もう一つ、上田城下の諏訪部（坂下）部落（頭小十郎の居住地）では、「雪駄作り」をしていたことも明らかにしている（この雪駄については、塚田も「『諏訪部のせった』として評判だった」と述べている）。次のとおりである。

同部落では雪駄作りをしていたこともわかる。例えば寛政二年七月上田領塩尻組の『諸色直段御改帳』によると、「諏訪部セつた」として上・中・下それぞれ一〇足ごとの材料費および加工手間代が記され、「右之通、セつた元直段穢多共吟味仕候所相違無御座候」とあって、部落産業であったことがわかる。

以上に見てきたように尾崎は、小諸藩・上田藩で部落の人びとが斃牛馬処理・皮革業に従事し、また革役を負っていたことを明らかにした。

四　諸氏の研究から

塚田・尾崎のほかにも、諸氏がその研究のなかで斃牛名処理に言及している。また、自治体史などにも言及がある。それらを見ることにしよう。

原滋は、正徳元年（一七一一）の「飯山町差出帳」から、飯山町の部落の人びとの職務は「①本丸の掃除、②牢屋の番、断罪人がある際の一連の仕事、③牛馬や獣の皮はぎと拵え、御馬道具のねり綱・鼻皮を御用命次第拵え納めること」であったと指摘している。③から飯山町の部落の人びとが斃牛馬処理（皮革業）と革役に従事していたことがわかる。

青木孝寿（一九八〇）は、安政五年（一八五八）八月の「伊那郡片桐村のうち片桐町および七久保両所の穢多と同郡北駒場村穢多とのあいだにおこった斃牛馬処理権の争い」をくわしく検討している（この争いについては樋口和雄（二〇〇一）も検討している）。そして「斃牛馬があった場合、その村を管轄して番に当たる番人（番太）は、その馬を『拾馬』としている穢多に通告して、斃牛馬を拾い取らせており、穢多から番人に酒代金等を謝礼として出していたことがわかる」と述べている。これによれば、伊那地方では「番人（番太）」が関東における「ひにん」に類似した役割をはたしていたことがうかがわれる。もっとも、ここでは「通告」するだけで、解体はしていないということだから、その点は関東の「ひにん」と異なるが。

また青木は、安政二年（一八五五）の伊那郡野口村の「落革議定記録帳」も紹介しているが、その一か条には「一、出入りの場所落ち革の儀は、先例の通り銘々自由に仕るべく候」とある。「出入りの場所」とは旦那場のことと考えられ、旦那場における斃牛馬処理は、そこを旦那場としている部落の人が「自由」にできたことがわかる。このように青木によって、南信においても部落の人びとが斃牛馬処理をおこなっていたことが明らかにされた。

後藤正人『土地所有と身分』の第九章「信濃国草場訴訟史」は、前半で主に塚田正朋の研究をもとに、松本藩・上田藩・小諸藩などにおける「草場」（旦那場のことだが、信州には「草場」という用語を使用した史料はほとんどないと思われる。なぜここで「草場」という用語を使用しているのか疑問である）と斃牛馬処理の歴史を概観し、後半で後藤が見いだした弘化二年（一八四五）の史料から「松本藩領梓川村流域の落ち牛事件」について検討している。この事件からは、「作間に馬口方稼ぎ」つまり博労をしていた百姓が老牛を買い取り、その解体を出川町村の部落の二人へもちかけ解体したこと、それを知った部落の頭である彦太夫が藩へ訴え出たことがわかる。彦太夫は、自らの権益が侵されたと考え、訴え出たものと推測される。

古沢友三郎は、「木曽谷諸事覚書」などから部落の人びとが、村廻り（旦那場廻りであろう）のさいに、「牛の皮・かんじき・縄・茶せん等を持参している」こと、「茶せんは村廻りの折だけではなく、代官所へも献上し、さらに馬の本綱や裏付草履も作って献上していることから、皮細工も皮師にとどまらず牢番もやっていたのである」と述べている。木曽でも部落の人びとが斃牛馬の処理、皮細工をおこなっていたことがわかる。

『東部町誌』歴史編下は、万治四年（一六六一＝寛文元年）に、本海野村と中吉田村の部落の人びとのあいだで「かわはぎ場」の境界を画定したことを述べている。次のとおりである。

本海野には小十郎の同族とみられる小右衛門が残り、万治四年（一六六一）には中吉田村かわた市右衛門との間で、かわはぎ場の区域を協定している。小十郎の諏訪部移住に伴う変動であろうが、かわたが本来皮革業者であり、原皮確保のためかわはぎ場を所持していたことを示す貴重な記録でもある。

この記述のもとになった史料は『東部町資料集』に収録されているが、「かわはぎ場」と呼ばれる「場」(旦)那場と同意であろう）があったことが知られる点で、貴重な史料といえる。なお、それを見ると、「かわはぎ場」の境界は、本海野村と中吉田村の村役人が立ち会って決定したことがわかる。おそらく部落の人びとが村役人の立会いを求めたものと思われる。なお右の引用文には、「かわた」は「本来皮革業者」と述べられているが、前述したように尾崎行也が明らかにしたところによれば、上田藩領の中之条村には寛永二〇年（一六四三）に「庭はき」あるいは「かわた」と呼ばれる与十郎という人物が存在していた。また、隣接する御所村に下々田を所持していた「てうり与十郎」も同名であることから、中之条村の与十郎のことと推定されている。そうすると、一人の人物がときには「庭はき」、ときには「かわた」、ときには「てうり」と呼ばれていたことになる。つまり、そのときどきの業務によって、一人の人物が異なる呼称で呼ばれることがあったと考えられる。このことからすると「かわた」は、皮はぎ、皮革業を営む集団、またはその一員を指すから、「本来皮革業者」と限定的にとらえないほうがよいのではないかと思われる。また「かわた」と記されているからといってその人物を、「皮革業者」と即断するのも疑問である。本来は「斃牛馬処理」に従事する集団に属する者とすべきではないだろうか。

『東部町誌』はもう一つ、元禄九年（一六九六）に本海野村と中吉田村の部落の人びとのあいだで、大川河原に捨てられていた「おち馬」の帰属をめぐる争いがあったことも明らかにしている。次のとおりである。

元禄九年（一九九六）本海野と中吉田のかわた間で、かわはぎ場の帰属をめぐって紛争が起きた。この問題で本海野・中吉田両村の村役人らは、かわたを村内住人と理解し、紛争調停の労をとろうとしている。しかし、紛争の背後に部落内部の支配権をめぐる争いがあり、調停は失敗に終わった。本海野村役人らは、かわた頭小十郎の移住先諏訪部村庄屋に調停への協力を求めた。この段階からそれまで用いられていた「かわた」の呼称が「穢多」に変わり、また諏訪部村庄屋は「ゑた中間《なかま》之儀ハ小十郎方にて諸事支配仕事《つかまつること》に候、此儀拙者《せっしゃ》共かまい申儀にて無御座候《ござなくそうろう》」と返書して、部落は支配系列が村方とは別であり、自分たちとは関係のないことを伝えてきた。ここに、部落を町や村から切り離してゆく動きが見てとれる。

この記述のもとになった史料の一つも『東部町資料集』に収録されているが、それには「今度おち馬捨て所大川河原は境地にて、何方分とも知れ申さず」と記されている。したがって、その「おち馬」の帰属をめぐって本海野村と中吉田村の部落の人びとが争ったことになる。これによって、ここでも部落の人びとが斃牛馬処理に従事していたことがわかる。また、その争いに関して諏訪部村庄屋が、「ゑた仲間」のことは上田藩の部落の頭である小十郎が「諸事支配仕る事に候」と述べ、この問題にかかわろうとしなかったことから、斃牛馬処理などは部落が仕切るものとされていたこともわかる。

『小布施町の歴史と民俗』は、「文政五年（一八二二）、隣村日滝村えた半次郎ら二人が駒場村のえた三人に対して落ち革（死牛馬の革）の件で争った」ことを述べている。また、「その訴訟書の中に、前年、高井野村の馬喰とえた二人も落ち革の件で不埒なことがあったと述べ」られていることも紹介している。

『長野県の被差別部落の歴史と民俗』は、いくつかの部落で皮革業が営まれていたことを紹介している。すなわち下水内郡豊田村の部落では「歴代皮革細工をやり、特に太鼓張りを得意としていたという」と述べている。上伊那郡高遠町の部落には「大霜」という商店があるが、この家は「旧藩時代から続いた伊那一円を支配する皮商人」で、「藩の御用商人をつとめた」という。ちなみに太鼓に関しては、『被差別部落のくらし』が上水内郡中条村に明治初年から大正時代にかけて「宮太鼓や神楽太鼓製造で名をあげた坂内捨五郎」という人物がいたこと、捨五郎は現長野市の「太鼓屋名左衛門から太鼓製造の認可と太鼓製造の道具一式を贈られて、中条で太鼓製造を始めたと伝承」されていることを紹介している。この太鼓屋名左衛門に関しては、柴田道子『被差別部落の伝承と生活』に「太鼓づくり十代」として名左衛門家の伝承が紹介されている。

以上が諸氏の研究によって明らかにされたことである。なお、このほか『飯山市誌』『松本市史』などの自治体史にも斃牛馬処理のことが述べられているが、それらはすでに見てきたことと重複するので割愛する。

五　史料集などから

いくつかの史料集などにも関係史料が収録されている。ここでは、それらの史料を見ることにしよう。『長野県史』近世史料編には、寛文三年（一六六三）四月の「高野町忠右衛門斃牛始末出入返答書」が収録されている。この史料については、峯岸賢太郎が検討を加えているが（塚田も言及している）、その争点の一つは「死牛があった場所が下畑村か海瀬村か、与右衛門・作右衛門いずれの『旦那場』であるか」というものであった。これによって南佐久でも斃牛（馬）処理に従事していたことがわかる。

同書には、嘉永元年（一八四八）一一月の「水内郡芋川村源治郎等死馬皮剝出入内済証文」も収録されている。これは「源治郎持ち分内御所ノ入村」（旦那場）にあった落ち馬を、同村の庄二郎が剝ぎ取ったという風聞から起こった争いの内済証文で、ここでも斃（牛）馬処理がおこなわれていたことがわかる。

同書に収録されている、天保一四年（一八四三）七月の「松本領穢多出入済口証文」には、皮革にかかわる次の二か条がある。

一、革類の儀につき在方より彦太夫方へ請書差し出し候えども、文政度規定の通り相守り候上は、
　この度は差し出しに及ばず候事。

但し　在方の者ども心得違いこれある節は、前々通り彦太夫方へ請書差し出し申すべき事。

一、革類他所売り又は盗み革など在方にこれある節、過料銭の儀は家別銭に差し加え、頭立ちの者立会い割合致すべき事。

塚田の研究で見た文政年間の部落の頭と配下の人びととの争いが、依然として尾を引いていたことがうかがわれる。

同書に収録されている、宝暦一〇年（一七六〇）正月の「近藤知行所上穂村分入会山年貢取立書付」の秣場《まぐさば》の肩書に「経塚原死馬捨」とある。同じく宝暦一〇年二月の「上穂村入会山反別書上」の秣場の肩書にも「経塚原死馬捨テ」とあるので、たんなる字名ではなく、実際の「死馬捨場」だったようにも思われる。後者だとすれば、信州では貴重な史料といえよう。というのは、信州では「馬捨場」に関する史料がほとんど見出されていないからである。ちなみに『東部町資料集』には、「加沢馬捨場跡」の写真が掲げられている。しかし、その記述の根拠は示されていない。

同書に収録されている、文政五年（一八二二）一〇月の「課役等御用捨触」には、「一、郷中斃馬届け御用捨の事」という箇条がある。これによれば、高遠藩では「斃馬届け」なるものを提出することになっていたこと、それがこのとき「用捨（容赦）」されたことがわかる。もっとも、この「斃馬届け」は藩が領内の馬の数を把握しておくために命じたものと推測される。

山本英二「寛政三年信濃国松本藩大町組長束組頭『永代留書帳』について」で紹介されている「永代留書帳」には、次の記事がある。

> 一、天明元年丑十二月七日、御領内牛馬の皮値段相定まり申し候。この節他所へ皮うり候者過料、高値に買い取る者、その外他の旦那（場）にて盗み取る者一切過料。万事牛馬の皮をきて《（掟）》、この節相定まり申し候。あらためて書付、組頭箱に入れ置き申し候。

この記事は、先に塚田の研究で見た「革類値段覚」を裏付けるものといえる。「革類値段覚」には、天明元年（一七八一）一二月七日に革類の値段が改定されたことが記されていて、この記事と一致するからである。またこの日、「牛馬の掟」なるものが定められたこともわかる。

『人間に光あれ』に収録されている、明治六年（一八七三）六月に後藤初右衛門ほか五名から「御役場」（村役場であろう）へあてた文書には、「落ち馬の儀も持主より受けず、求めず、一向相手に相成り申さず候」と記されている。部落の人びとが、今後は斃牛馬処理はしないと村役場へ通告していることから、これ以前は斃牛馬処理に従事していたことがわかる。

六　信州の斃牛馬処理・皮革業と革役

信州の近世部落の斃牛馬処理・皮革業と革役に関する先学の研究・史料を見てきた。これまでにわかったことをまとめると、次の五点にまとめることができよう。

①信州の部落の人びとも、近世初頭から明治初年まで全域で斃牛馬処理・皮革業に従事していた。近世初頭に、松本藩・松代藩・小諸藩・上田藩で部落の人びとは革・皮革製品の上納を命じられた。この

革役は、幕末まで継続されたと推測される。もっとも、松本藩では近世中期には「革役金」として、通常は金で上納することになっていた。また、松代藩でも近世後期には銭で上納することになっていた。

②旦那場を持っている者にその旦那場における斃牛馬処理権があった（ただし、「主家筋」の者が「家来筋」の者へ旦那場は渡しながら、斃牛馬処理権は渡さなかったこともあった）。このことから旦那場と旦那場との境界に斃れていた牛馬の帰属をめぐって争いが起こったり、旦那場の持ち主ではない者が斃牛馬を奪ったという理由で争いが起こったりした。なお、旦那場を集団的に所有している場合には、「見つけ徳」といって、斃牛馬を見つけた人に処理する権利が認められた地域もあった（そのときは「場代」として銭二〇〇文を差し出すことになっていた）。南信では、「番人」が斃牛馬を見つけると旦那場の持ち主へ通告した（そのときは部落の人から「番人」へ謝礼として「酒代金等」を与えた）。

③馬具・せった・太鼓などの皮革製品を製造・販売していた。馬皮・牛皮はかなりの需要があったらしく、松本藩領では値段を決め、何年かおきに改定しているが、急速に値上がりしている。上田藩領の諏訪部ではせったを製造・販売していたが、その評判はよかった。太鼓についてはくわしいことはわからないが、名前の知られた太鼓屋が各地にいた。

④旦那場を持たない（斃牛馬処理権を持たない）部落の人びともいた。

⑤上田藩・松本藩・小諸藩では、部落の頭らが皮革商売を独占しようとしたが、それに対して近世後期には配下の人びとが「売買自由」を求めて頭らと対立した。収益があったからだと考えられる。

このようなことがわかった。しかし、それでは年間何頭ぐらいの斃牛馬を処理したか、どれくらいの収益をあげたかといったことはわからなかった。また、関東では斃牛馬処理権が日割りされており、関西では株化していたが、信州ではどうだったかということもわからなかった。

第二部　近世部落の人びとの生活をめぐって

近世部落の人びとの生活にかかわって、「近世部落の人びとは幕府や藩によって生活条件の悪い地域に強制的に住まわされ」「貧しい生活を強いられた」といった見方が、かつて広く見られた。しかし近年、このような見方の再考が求められている。

たとえば奈良県教育委員会編『部落問題学習の充実をめざして』は前者に関して、「被差別部落住民が、幕府や諸大名によって強制的に河原や低湿地、また崖の下など居住条件の悪い土地に移住させられた」という「伝承」は奈良県の「多くの被差別部落に残されている」が、それらの「伝承」は事実と異なっていたり、「伝承」されている時期より前の中世や戦国時代末にすでに集落が形成されていたことが確認できる、と述べている。強制的に移住させられたという「移住伝承」はあるが、事実とは認めがたいというのである。

また「被差別部落の集落立地条件や環境が他の村落に比べて劣悪であるという理解」に関しては、次のように述べている。

　奈良県内の被差別部落では、とりわけ江戸時代後半から活発な商工業活動に支えられて人口急増現象が起こりました。それは、当然のこととして集落規模拡大の必要性をもたらすようになります。しかし、屋敷地（宅地）にも年貢が賦課されていたため、田畑の生産物を年貢にあてていた江戸時代では、村として無制限に田畑の宅地化を認めることは年貢納入のうえではできなかったのです。

　そのため、新たな宅地は居住するためには不適当な場所であっても、既存集落外の河原や低湿地、崖の下など、原則として年貢が賦課されないところに求めざるを得ないことになり、その結果、立地条件や環境の悪さという事態をもたらしたと考えることができるのです。なお、江戸時代の被差別部落が所有した「草場権」から派生する職務の一つである「斃牛馬の処理」にかかわって、水を確保しやすい場所に集落形成をする必要があったためとも考えられています。

集落の立地条件や環境が劣悪であるのは、幕府や藩によって強制されたものではなく、部落人口の急増にともない新たな宅地を求めたさいに、年貢地である田畑を無制限に宅地化するわけにはいかなかったことから、「河原や低湿地、崖の下など」を求めざるをえなかったというのである。ただし、それだけでなく、「斃牛馬の処理」のためには「水を確保しやすい場所に集落形成をする必要があった」とする見方があることも書き添えている。

これによれば、奈良県の近世部落に関しては、「幕府や藩によって生活条件の悪い地域に強制的に住まわされ」たという事実は、確認できないことになる。

次に、「貧困」に関して同書は、「これまで、江戸時代の被差別部落は差別によって職業や住居を制限され、田畑の所持を原則として認められず、常に貧しい生活を送ることを余儀なくさせられた集落と考えられてきました。しかし、奈良県内の被差別部落に限った場合、ほとんどの村で江戸時代における極端な貧困を確認することはできません。それどころか、むしろ、周辺の村に比べて、より安定した経済力を持っていた場合さえあったのです」と指摘し、その論拠を述べている。部落にも個人的に裕福な人がいたことは以前から知られていたが、これによれば奈良県では、全体的に見ても「(部落の) 極端な貧困」を確認することができないだけでなく、周辺の村より「安定した経済力を持っていた場合さえあった」というのである。

これによって、「部落は貧しかった」と一言でくくることはできなくなったといえよう。ただし、この指摘は「部落は貧しかった」とひとくくりする見方に対して、奈良県の近世部落はそうではなかったと指摘したものであって、「部落は裕福だった」と指摘したものではないということには、注意しておきたい。いいかえれば、「部落は貧しかった」とするこれまでの見方に対して、「いや、部落は裕福だった」と主張したものではない、ということである。奈良県以外には、貧しかった近世部落もあるかも知れないし、奈良県と同様貧しくはなかった近世部落もあるかも知れない。それは、それぞれの地域で検証しなければならないことであって、検証もせずに「部落は貧しかった」としてはならないということだと思われる。

また、この指摘は、部落差別について再考することも迫っている。というのは、これまで部落の人びとは貧しかったから差別されたと考える傾向があったと思われるが、奈良県の近世部落はそうではなかったということになると、それではなぜ差別されたのかということをあらためて考えなければならなくなるからである。

このように右の指摘は、部落の居住地に関しても、経済力（貧困）に関しても、さらには部落差別に関しても、従来の見方に再考を迫っているといえる。これに全面的に応えることはできないが、ここで信州の近世部落の人びとの居住地と、経済力および経済力に密接にかかわっている「旦那場」「一把稲」について見てみたいと思う。

第一章　居　住　地

一　「生活条件の悪い地域」

「近世部落の人びとは、幕府や藩によって生活条件の悪い地域に強制的に住まわされた」とする見方があった。この見方はかつて、多くの人びとに受け入れられていた。

その証拠に、この見方は教科書でも採用されていた。たとえば、二〇〇一年度まで使われていた中学校用の歴史教科書のうち、東京書籍が発行した『新編新しい社会　歴史』の「きびしい身分による差別」という項目には、次のように述べられている（どのような文脈で述べられているかがわかるように前後も引用する）。

秀吉の検地と刀狩とによって定められた身分制度は、江戸幕府によってさらに強められた。身分は、武士と百姓と町人とに分けられ、また「えた」や「ひにん」とよばれる低い身分も置かれた。

幕府や藩は、「えた」や「ひにん」とされた人々に対して、生活条件の悪いところに住まわせたり、当時の人びとの好まない役目を負わすなど、さまざまな束縛を加え、百姓や町人と差別した。これらの身分の人びとは、少ない土地の耕作や日用品の加工で生計を立てており、死んだ牛馬の処理や皮革製品への加工などの仕事も行った。また、犯罪者の捕縛や牢番など、役人の下働きとして使われることもあった。このような差別政策は、百姓や町人に、自分より下層の者がいると思わせたり、反感を持たせ、その不満をそらすことに利用されたと考えられる。

この教科書では明確に、「幕府や藩」が「えた」や「ひにん」とされた人びとを「生活条件の悪いところに住まわせた」と述べられている。

教育出版が発行した『中学社会　歴史』の「身分差別」という項目には、次のように述べられている。

　農工商とは別に、えた・ひにんなどの身分が置かれた。これらの人々は、村や町の警備も行ったが、幕府や藩の役人の下働きとして、農工商の身分の者の刑の執行や、犯罪の取りしまりにも利用された。これらの身分とされた人びとは、農工商より低い身分とみなされて、生活条件の悪い地域に住まわされ、結婚や服装、交際など、生活の全般にわたって差別された。

　えたの身分の人々は、厳しい悪条件の中で、本百姓のように農業を営んで年貢を納める者も多かった。また、村々で死んだ牛馬の処理をする権利をもち、そこで得られた皮革を加工したり、履物づくりなどいろいろな細工仕事をくふうして暮らした。

　これらの身分を置いたのは、武士の支配を保つために、重い負担や統制に苦しむ民衆の不満をそらし、民衆を身分ごとに反目させて、力を合わせにくくするためであったといわれる。

この教科書にも、「えた」「ひにん」身分とされた人びとは、「生活条件の悪い地域に住まわされ」たと述べられている。しかし、この教科書では「誰によって」生活条件の悪い地域に「住まわされ」たかということは明記されていない。とはいえ、文脈から「幕府や藩によって」「住まわされ」たとしていることは明らかであろう。

これに対して、帝国書院が発行した『中学生の歴史』の「差別された身分の人々」という項目には、次のように述べられている。

幕府と藩は、農工商よりさらに下に、えた・ひにんとよばれる身分をおき、村や町のはずれ、河原、あれ地などに住まわせました。えた身分の人は農業を行い、また死んだ牛馬の処理や皮革業などで生活しました。ひにん身分の人は、物もらいや遊芸で生活し、村や町の番人もしました。そしてこれらの身分の人は、役務として、えたは犯人の逮捕や罪人番、処刑などをし、ひにんは御仕置の御用や、堀の不浄物の片付けなどをしました。このようなきびしい差別のなかにあっても、かれらは自分たちの生産にたくましくはげみ、地域の治安を保つことに重要な役割をはたしました。

これらの身分をおいたのは、重い負担ときびしい統制に苦しむ農民・町人の不満をそらす役割と、差別された身分の人と農民・町人を分けることで、民衆の勢力が一つにまとまらないようにするため、と考えられています。

この教科書では、「えた」「ひにん」身分とされた人びとは、「幕府と藩」によって「村や町のはずれ、河原、あれ地などに住まわせ」られたと、居住地が具体的に述べられている。つまり、前の二つの教科書がいう「生活条件の悪いところ（地域）」とは、「村や町のはずれ、河原、あれ地など」だということになろう。

このように三つの教科書とも、一言でいえば「えた・ひにん身分とされた人々は、幕府や藩によって生活条件の悪い地域に強制的に住まわされた」としている。なお、この三つの教科書をあげたのは、たまたま手元にあったからで他意はない。他の教科書は見ていないが、おそらく同様のことが述べられているものと推測される。

しかし、これは事実だろうか。事実だというためには、「幕府や藩が特定の場所を指定して強制的に住まわせた」ということと、実際に「えた・ひにん身分とされた人びとが生活条件の悪いところ（地域）に住んでいた」ということの両方が証明されなければならないが、この二つは証明されたことだろうか。このことを検証するために、ここで東信における部落の移住（枝分かれ）に関する事例を見てみよう。

なお、右に引用した教科書の記述には、ほかにも疑問に思われる箇所がいくつかあるが、それについてはここではふれない。

二　上丸子村から八重原村への引っ越し

江戸時代中期の宝永四年（一七〇七）一〇月、佐久郡八重原村の開発人（黒沢嘉兵衛）の子孫と村役人は、小諸藩の役人へ次の願書を提出している（東御市大塚晴三家文書）。なお、この願書に判が押されていないのは、村に残された写か控だからである。

願い奉る口上書の事

一、市川孫右衛門様御支配所、上丸子村のちょうり彦八、当村・近所五か村旦那場にござ候につき、当所にまかりあり申したしと申し候。すなわち上丸子村名主・組頭請負証文差し添え申すべき旨申し候。大小御百姓中、差し置き申したき旨願い奉り候あいだ、仰せつけられ下され候わば、有り難く存じ奉り候。以上。

宝永四年亥の十月

三郎兵衛

又右衛門

（以下五名略）

室賀戸左衛門様

韮沢伊左衛門様

意訳すれば、幕府代官市川孫右衛門の支配下の小県郡上丸子村の「ちょうり」彦八は、八重原村とその周辺五か村を旦那場にしている。そのため、八重原村へ引っ越ししたいといってきた。引っ越しに必要な上丸子村の名主・組頭による「請負証文」も提出するといっている。そこで八重原村の村民へはかったところ、村民も彦八を村へ住まわせたいと願っている。彦八の引っ越しを許可してほしい、となろう。

この願書は八重原村が小諸藩へ、上丸子村の「ちょうり」彦八の八重原村への引っ越しを許可してほしいと願い出たものであるが、ここで注目されるのは、引っ越しをしたいと先にいい出したのは「ちょうり」彦八だということである。つまり「ちょうり」が、自ら他村への引っ越しを希望し、それが受け入れられている形である。

それでは、なぜ彦八は八重原村への引っ越しを希望したのだろうか。推測だが、上丸子村は谷間の村である。他方、八重原村は八重原台地上の村である。また、周辺五か村の旦那場に下之城村がふくまれていたことは確実だが、下之城村は八重原台地をはさんで、上丸子村とは反対側の谷間にある村である。そうすると彦八は、旦那場の警備などのために旦那場村々を巡回するさいには、谷間の上丸子村から出発して、八重原台地に登り、反対側の谷間へ下り、そこから再び八重原台地に登り、上丸子村へ帰らなければならなかったことになる。これは行程として大変である。そこで彦八は、旦那場である八重原村へ住むことを希望したのではないだろうか。そうなれば、八重原村から下之城村など五か村の旦那場を巡回するだけでよいことになるからである。

他方、八重原村民も彦八を村に住まわせたいと願っているわけだが、それはどうしてだろうか。これも推測だが、信州の近世部落の人びとは旦那場内の村々の警備をおもな役目としていた。そのために上丸子村の彦八が八重原村へときどき巡回してくるわけだが、それよりは彦八が村に常駐しているほうが八重原村にとって都合がよい、そう考えて彦八の引っ越しを受け入れることにしたのではないだろうか。

つまり、彦八と八重原村の双方の利害が一致したことから、右の願書が小諸藩へ提出されることになったと考えられる。そして、この願いが小諸藩によって許可されたことは確実である。なぜなら、右の願書で述べられている「請負証文」が、八重原村の名主文書として伝来しているからである。次のとおりである（大塚晴三家文書）。

一札の事

一、当村ちょうり彦八儀、ご近所村々旦那場にてござ候につき、そこ元に住宅つかまつりたしと申し候。差し置かれ下さるべく候。もし向後不届きなる儀仕出し候わば、各々立ち会い、何分にも埒明け申すべく候。そのため請負一札、くだんのごとし。

宝永四年亥十月十七日

上丸子村

七左衛門㊞

（以下組頭五名連印略）

八重原村

三郎兵衛殿

同　又右衛門殿

同　御組頭中

上丸子村の村役人から八重原村の黒沢家と村役人へあてて、彦八が八重原村へ住みたいといっているので、住まわせてやってほしいといってきたもので、この「請負証文」は、差出人の名前のところに判が押してあるから本物である。この「請負証文」が八重原村の名主家文書として伝来しているということは、実際に彦八が上丸子村から八重原村へ引っ越してきたことを示していよう。

もう一つ、この後明治初期まで八重原村に、彦八という「えた」身分の人が代々居住していることも傍証となろう。彦八家は代々、八重原村の部落の頭を務めたと見られる。

以上から、最終的には小諸藩の許可をえなければならなかったが、彦八の八重原村への引っ越しは、彦八の側から希望し、八重原村がそれを受け入れたことによって実現されたといえる。いいかえれば、基本的には当事者同士が合意すれば、「ちょうり」身分であっても他村へ引っ越すことができたことになろう。その居住地は、小諸藩が指定したのではなく、当事者同士で選定したと思われる。

三　平原村から沓沢村への引っ越し

翌宝永五年八月には、佐久郡平原村から同郡沓沢村へも「えた」身分の人びとが引っ越している。田野口藩陣屋日記によれば、受け入れ村である沓沢村は藩へ、次の理由で引っ越しを許可してほしいと願い出たという（八月二二日条）。

一、沓沢村名主・長百姓連判をもって願い出で候は、沓沢村の儀入江の村の儀にござ候ところ、只今まではえたもこれなく、乞食・ひにん入り込み我がまま致し候節も難儀仕り候ところに、前々より佐久郡平原村えた旦那場所にて参り来たり候佐平・小平と申すもの、古郷証文これを取り、村はなれに小家作り、差し置き申したき旨願い出で候につき、随分入念吟味のうえ、勝手次第差し置くよう申し付く。

沓沢村は「入江の村」(信州に海はないから、入江のように山へ入り込んだ村という意味であろう)で、これまでは警備役の「えた」身分の人は住んでいなかった。しかし、それでは「乞食・ひにんが入り込みわがまま」をしたときに難儀をするので、これまで沓沢村を旦那場としてときどき巡回してきていた平原村の佐平・小平の二人を、「村はなれ」へ「小家」を作って住まわせたいと願い出て、許可されたことがわかる。これによれば沓沢村が村の警備役を必要として、平原村の佐平・小平を招いたことになる。

これにともなって沓沢村は、名主武左衛門の畑へ「小家」を作ることにしたが、その敷地にかかる年貢も「惣村」にて負担したいと藩へ願い出て、許可されている。次のとおりである(八月二三日条)。

一、沓沢村名主・長百姓願書をもって申し出で候は、先頃願い出で候えた差し置くところに、武左衛門所持の中畑三畝歩のところ、小家作り差し置き、御年貢の儀は惣村にて上納つかまつるべく候。願いのとおり仰せ付けられ下され候よう、連判にて願い出で候につき、申し渡す。

沓沢村が、「小家」を作るだけでなく、敷地の年貢を村全体で負担したいと願い出たことについては、佐平・小平を招くために「優遇」したという見方、そうではなく佐平・小平は村に住まわせるだけで、「小家」も敷地も村のものだということを留保しておくためにとった措置という見方、あるいはその両方という見方ができる。三つのうちのどれであるかはわからないが、佐平・小平からすれば、「小家」とはいえ住宅が用意されており、その宅地にかかる年貢も払わなくてよかったことは事実で、村はその年貢を支弁しなければならなかった。したがって沓沢村が、村に常駐する警備役を必要としたことからとられた措置であることはまちがいない。

ところで、右の田野口藩陣屋日記から佐平・小平の在所が平原村であることが判明したので、これにかかわる史料がないかと平原村の文書を調べたところ、次の文書が見出された（小諸市小林七左家文書）。

　　進上申す古郷証文の事

一、左(佐)平・同弟小平と申すちょうりども、当村生まれの者にてござ候ところに、兄弟大勢ござ候故、その御村へまかり越し候えば、勝手にまかりなり申す由にて、願い申し候。右の者どもたしかなる者にござ候。もちろん御公儀御法度の宗門にてござなく候。年々所請けにて相済み申し候。もっとも右二人と女房ともに、人数四人差し置かれ下さるべく候。後日のため古郷証文、よってくだんのごとし。

平原村
庄屋
七左衛門印

宝永五子年七月

沓沢村
御庄屋
御年寄
衆中

慮外ながら、右のとおりになされ下され候えば、その証文をもって我等も願書上げ候て、差し置き申し候。以上。

これは、先の田野口藩陣屋日記の八月二二日条に記されていた「古郷証文」の下書だが、平原村庄屋七左衛門が書いた下書ではない。沓沢村庄屋武左衛門が書いた下書で、このように「古郷証文」を書いてほしいと、平原村庄屋へ依頼してきたものである。末尾の二行から、それがわかる。ということは、佐平・小平の引っ越しは、基本的には沓沢村と佐平・小平（さらには二人の父親である庄三郎）とのあいだで取り決められたと考えられる。そのうえで、沓沢村庄屋から平原村庄屋へ、このように決まったので「古郷証文」を書いてほしいと依頼してきたのが、右の「古郷証文」だと考えられる。

このような経過がわかる点でも右の「古郷証文」は関心を引かれるが、さらに関心を引かれるのがその内容である。すなわち佐平・小平は「兄弟大勢」なので、沓沢村へ引っ越せば都合がよいので、引っ越しをさせてほしいと願ったというのである。ということは、佐平・小平の側でも、沓沢村への引っ越しを希望していたことになろう。そこは、先の田野口藩陣屋日記には記されていなかった。

そこで、小林家文書をさらに調べたところ、宝永五年の「平原村町離宗門改め帳」に、次の記事があった。

一、庄三郎 ㊞ 五十四
　　女房 四十一
　子 左（佐）平 二十六
　　女房 二十二

子
小平　二十二
尾蔵事
女房　十八
子
甚太郎　十九
娘
はな　九

これによって、佐平らは庄三郎夫婦の子で、男三人・女一人のきょうだいだったこと、佐平と小平にはすでに妻がいたことがわかる。つまり庄三郎夫婦には、嫁も加えて六人の子ども（「兄弟大勢」）がいたことから、上の二人（妻も加えて四人）を沓沢村へ引っ越しさせたいと願ったことになる。

以上から、平原村の庄三郎夫婦は、子どもが大勢だったことから上の二人（妻も加えて四人）を旦那場である沓沢村へ引っ越しさせれば都合がよいと考え、沓沢村へ打診した。これに対して沓沢村は、村の警備役が村に常駐していれば都合がよいと考え、受け入れた。そこで藩へ、右に見た願書を提出し、佐平・小平夫婦の沓沢村への引っ越しが実現した、と推測される。

そうだとすれば、ここでも部落の人びとが他村への引っ越しを希望し、引っ越し先の村が好都合と受け入れることによって、部落の人びとの引っ越しの話が進められ、最終的に藩の許可をえて実現されたことになる。

四 高野町村から五郎兵衛新田村への引っ越し

第一部一章で述べた宝永四年二月の佐久郡高野町村太兵衛の、同郡五郎兵衛新田村への引っ越しも、同様の事例と思われる。そこで紹介した史料には、「当村牢守与左衛門子太兵衛と申すもの、その御村(五郎兵衛新田村)へ参りたき由申し候」と記されていたからである。この文言は、太兵衛が五郎兵衛新田村への引っ越しを希望したと理解するのが妥当であろう。

ただし、その引っ越しの理由が、五郎兵衛新田村の警備のためであったことは、太兵衛と父親の与左衛門が連名で五郎兵衛新田村へ提出した、次の証文から明らかである(斎藤一九八七)

進上つかまつり候証文の事

一、拙者儀、御当地旦那衆中様の御慈悲にて、御当地に差し置かれ下され、忝なく存じ奉り候。然るうえは慮外・我が儘・悪事仕出し申し候わば、所御払い遊ばされ候とも、一言の儀申すまじく候。さてまた、御所へ何様の悪事者・悲《非》人など、何にてもむずかしき者参り候わば、仰せ付けられ次第につかまつるべく候。後日のため手形、よってくだんのごとし。

宝永四年亥の二月

高野町

太 兵 衛㊞

同所籠守
与左衛門㊞

三左衛門様
旦那衆中様

これによって太兵衛が、五郎兵衛新田村へ「何様の悪事者・非人など、何にてもむずかしき者」がやってきたときに、村人の命令に従って処理をする、いわば村の警備役として引っ越してきたことがわかる。ということは、五郎兵衛新田村側も警備役が村に住むことを希望していたことになろう。つまりこでも、両者の希望が合致したことによって、「えた」身分の太兵衛の引っ越しが実現したのである。ただし、この事例では、領主（幕府代官）の許可をえたかどうかは明らかではない。しかし、これまで見てきた事例からすれば、当然領主の許可をえたものと考えられる。

なお、これまで見てきた三例がすべて宝永四・五年であることから、この時期佐久地方の村々に、部落の人びとが村に住むことを必要とする事態が生じていたことがうかがわれる。ちなみに尾崎によれば、佐久郡内に奥殿領が成立した宝永元年の部落所在村は五か村であったが、それから三四年後の元文三年までに八か村に増加している（このなかには右の沓沢村の事例もふくまれている）。この増加の理由の一つとして尾崎は、「この時期佐久郡内に大名領（奥殿・岩村田）・旗本領（下県・岩村田・高野町・根々井）が成立し、その支配地が隣りあわせで錯綜したこと」が考えられるとしている。領地が錯綜したことによって、いわば警察権力がおよびがたい事態が生じたことから、村々が自ら村を守ろうとして部落の人びとを誘致したことは、十分考えられる。このこともふくめて、なぜこの時期に部落の人びとの引っ越し（枝分かれ）が多く見られたのか、村側・部落側双方の事情を今後さらに探る必要があろう。

五 長窪新町から長窪古町への引っ越し（駐在）

右の三例によって、「ちょうり」「えた」と呼ばれた人びとが、自ら希望して他村へ引っ越すことができたことが明らかになったと思われる。それが可能だったのは、これらの人びとが村々の警備役として必要とされていたからだといえよう。そのことを、もっとはっきり示している事例を最後に掲げる。幕末元治元年（一八六四）八月に、小県郡長窪新町と長窪古町の村役人がとりかわした「規定書」には、次のように記されている（長野県史）。

規定書

長窪新町えたの儀、両長窪ならびに大門三か村持ち場にて、時々郷中見廻り、それぞれ取締り致し候儀には候えども、古町にて枝郷など手離れおり候て、差し掛かりの用向きに差し支えの儀もこれあるにつき、このたび長窪新町へ無心申し入れ、えた家一軒古町近くへしつらえ、えたどものうち一家内ずつ、十か年季に居住致させ候筈あい定め候につき、左のとおりあい定め候。

一、字窪寺へ両村にて家作いたし、このたびは与作ならびに家内ども引き移らせ、十か年相勤め候わば、又々交代致させ、後年十か年ずつ相勤め申すべきこと。

ただし、年季中不埒・不勤いたし候わば、交代致させ申すべし。変事入用などは古町にて引き受け差し出し申すべきこと。

一、家作の儀は、これまで新町住居中の振り合いをもって手軽にいたし、麦藁葺きにて、間口六間・裏行き三間半取り建て、右より間数広め申さず、かつ瓦など決して用いさせ申すまじきこと。

ただし、すべてえたども相応の家作にいたし、まくり戸など仕付けさせ申すまじきこと。

一、人別進退はもちろん、すべて前々のとおり、新町にて取り計らい申すべきこと。

ただし、用向き繁多の儀出来候わば、双方のえたども寄り合い、すべてこれまでのとおり相勤めさせ申すべく候。

右のとおり相定め候うえは、永く違背つかまつるまじく候。これにより後日のため両村連印規定いたし置き候。以上。

長窪新町役人惣代

名　主　　徳右衛門

（以下村役人九名略）

元治元子年八月

長窪古町役人惣代

名　主　　仁 兵 衛

（以下村役人六名略）

長窪新町の「えた」身分の人びとが、長窪新町・長窪古町・大門村の三か村を持ち場（旦那場）にして三か村の取り締りにあたっていたこと、したがって古町へはときどき巡回してくるだけだったこと、しかし、それでは急ぎの用事に差し支えることがあるとして、古町では「えた」身分の人の住宅を建てて、そこへ新町の「えた」身分の人に一〇年季で住んでもらうことにしたことがわかる。幕末の世情騒然としたなかで、古町では警備役の「えた」身分の人に常駐してもらいたいと考えたものと思われる。したがってこの引っ越し（この場合は駐在）は、古町の要望によっておこなわれたといえる。ただしこの場合、なぜ完全に引っ越してしまわないで、一〇年季の駐在にしたのか、古町の側がいやがったのか、部落の側がいやがったのか、その事情はわからない。

六　「村はなれ」

以上、近世部落の人びとの引っ越しの事例を四例見てきた。この四例の引っ越しには、幕府や藩は直接的には関与していない。基本的には引っ越し先の村と、部落の人びととのあいだで引っ越しが決められている（長窪古町の事例では、古町と新町の村役人によって決められたように証文上は見えるが、決定にいたるまでには、もちろん部落の人びととも話し合いがおこなわれたものと推測される）。幕府や藩は、居住地を指定などしておらず、当事者の申請を許可しただけだと考えられる。

また、引っ越し先の居住地も、沓沢村の事例では「村はなれ」とされていたが、それもふくめて四例とも特別に「生活条件の悪い地域」ではない。

そうすると、これまで定説のようにされてきた、「部落の人びとは、幕府や藩によって生活条件の悪い地域に強制的に住まわされた」とする見方と、これらの事例は合致しないことになる。これらの事例は、例外的なことなのだろうか。佐久郡内の事例だけでも、これだけの事例があるのだから、これらを例外として切り捨てることは妥当ではないだろう。むしろ、これまでの見方を再検討することが求められていると思われる。

第一に、「幕府や藩が部落の人びとを生活条件の悪い地域に強制的に住まわせた」事例はどのくらいあるだろうか。このことで想起されるケースの一つは、近世初頭の城下町建設時に部落の人びとが城下町へ移住させられた事例である。これは各地で見られた。もう一つは、江戸・京都などで町の拡大につれて部落が、町の外郭へ移転させられたケースである。これは前記の特殊形態といえよう。しかし、このほかにはこうした事例はあまり見られないのではないか。

また、そのさい町の外郭（町はずれ）に部落の人びとが住まわされたのは事実であるが、そこが周辺と比べて特別に生活条件の悪い地域であったということもそれほどないのではないだろうか。信州の城下町の事例からはそう思われる。それよりも問題は、かならず町の外郭（町はずれ）に部落の人びとが居住させられていることではないだろうか。

第二に、部落の人びとはすべて「生活条件の悪い地域」に居住していただろうか。かならずしもそうではない部落も相当数あるように思われる。右の四例もふくめて、私が知っている部落には、特別に生活条件が悪い地域ではないところに立地している部落がいくつもある。

とはいえ、それらには共通していることが一つある。それは、右の沓沢村の事例で示されていた「村はなれ」ということである。「村はなれ」という言葉には、部落の人びとを自分たちと同じところには住まわせない、かならず一線を画するという村人の意思が示されている。部落がかならずといってよいほど、いわゆる一般の集落とは川や道路などを隔てたところに立地しているのは（もっとも、一般集落の拡大によって、現在では部落の外側にさらに一般集落が広がっているところもあるが）、こうした村や町の人びとの意思の現れではないかと思われる。

もっとも、部落の側からいえば、そこは「村はずれ」「町はずれ」ではなく、村や町・宿場の「出入口」であって、警備上の適地といえるかも知れない。また、第一部一章で見たように、近世以前から繁栄した寺社の近くに立地した部落も多いが、すべてが生活条件の悪い地域ではない。これらのことから、すべての部落が「生活条件の悪い地域」に立地していたとはいえないことは明らかであろう。

ただし、河原や低湿地、がけ下など生活条件の悪い地域に立地している部落が相当数あることも事実である。このことはどう考えたらよいだろうか。これに関しては、先に紹介した『部落問題学習の充実をめざして』の指摘が参考になろう。すなわち、江戸時代後半における部落の人口急増によって新たな宅地が必要となったさいに、「河原や低湿地、崖の下など」の生活条件の悪い地域を求めざるをえなかったという指摘である。そのとおりだと思うが、これに加えていわゆる一般地域の人びとが部落の人びとへ、宅地にするための土地を売らなかったということも、生活条件の悪い地域を求めざるをえなかった理由としてあげられるのではないだろうか。つまり、新たな宅地需要に差別が加わって、生活条件の悪い地域を求めざるをえなかったと考えられる。また、右に見たような引っ越し（枝分かれ）のさいに、受け入れ先の村が適地を提供しなかったケースもあったかも知れない。

もっとも、『部落問題学習の充実をめざして』が、斃牛馬処理のためには「水を確保しやすい場所に集落形成する必要があった」とする見方もあると書き添えていたことも見落とすべきではないだろう。いいかえれば、「河原」を即生活条件の悪い地域としてよいか、むしろ斃牛馬処理をするうえでは適地ではなかったかという見方である。考えなければならない問題といえよう。

これに加えて近年、「境界領域」という考え方も提起されている。境界領域という考え方は、もともとは中世史研究者から提起されたもので、「人間世界と大自然との境界、この世とあの世の境界、共同体と荒野・森林・河川などとの境界、共同体と共同体の境界、俗と聖の境界、などの意味で用いられる」という（藤沢靖介二〇〇一）。そういわれると、河原や「村はずれ」「町はずれ」も「境界領域」といえる。つまり部落の人びとは、境界領域にかかわる役割を担ったことから、境界領域に居住したとも考えられる。今後の検討課題としておきたい。

七　小規模散在

この章では、「部落の人びとは、幕府や藩によって生活条件の悪い地域に強制的に住まわされた」とする見方について検討してきた。その結果、この見方には問題があることが明らかになったと思われる。それどころか部落の人びとが自ら希望して他村へ引っ越すことも、一定の条件の下ででではあるが、可能だったのである。これは部落の人びとが、村・町の警備役として必要とされていたからだといえる。また、こうした引っ越し（枝分かれ）が各地でおこなわれたことから、江戸時代に部落の所在村が増加し、さらに信州の部落の特徴といわれる「小規模散在」、すなわち部落の人びとが少数でそれぞれの村に居住している形態がつくられたといえよう。

それでは、そのようにして引っ越した部落の人びとはその後どうなっただろうか。右の四例のうち五郎兵衛新田村と八重原村の部落について見てみよう。

五郎兵衛新田村の部落については、先に見たように、正徳三年（一七一三）の宗門改め帳には太兵衛と妻の二名が記載されていたが、一二年後の享保一二年（一七二七）には子どもが三人増えて五名になっている。その後の六〇年ほどは不明だが、天明三年（一七八三）には八名に増加している。それからはほぼ増加の一途をたどり、文化三年（一八〇六）には、それまでで最多の一八名を数えるにいたっている。しかし、その後は減少に転じ天保六年（一八三五）には四名にまで減少している。急激な減少といえるが、おそらく天保の飢饉の影響を受けたものと思われる。しかし、その後は再び増加に転じ、安政六年（一八五九）には近世を通じて最多の二六名を数えている（ただし、安政六年以前に二六名に到達していた可能性もある）。その後はやや減少し、明治四年（一八七一）には一七名（家数は四軒）を数えている。

天保期には急激に人口が減少したが、その前と後では着実に増加していた。この増加ぶりを見ると、それなりの経済基盤があったことが推測されるが、くわしいことはわからない。なお、婚姻・養子縁組は、明記されていないものもふくめてすべて部落の人と組まれたと見られる（斎藤一九八七、土屋雅憲）。

次に八重原村の部落について見てみよう。宝永四年（一七〇七）に彦八が上丸子村から単身で引っ越してきたか、家族とともに引っ越してきたかはわからないが（後者の可能性が高いと思われるが）、柳沢恵二によれば、それからほぼ八〇年後の天明八年（一七八八）の部落の人口は二七名だった。その後さらに増加し、天保五年（一八三四）には近世を通じて最多の五九名を数えるにいたっている。しかし、その後は減少に転じ、明治四年（一八七一）には三九名（家数は一一軒）になっている。

これを見ると、八重原村の部落では天保五年以降に天保の飢饉の影響が現れたように見える。そのため、この後徐々に人口が減少しているが、それでも明治四年で三九名だったから、彦八の時代からすれば人口も家数も飛躍的に増加したといえる。ちなみに、この二つの部落の人口の推移は、「はじめに」で見た尾崎の指摘と合致している。

なお、五郎兵衛新田村の部落と比べると、八重原村の部落のほうが人口の増加率が大きかった。この背景には相当の経済基盤があったことがうかがわれるが、くわしいことはわからない。ただ、八重原村の部落の人びとは小作をしていたことが判明している。その年貢籾（一般の年貢と区別して「えた籾」と呼ばれている）が、天保一二年（一八四一）には七八俵だったから、相当手広く小作をしていたと考えられる。年貢籾が七八俵だということは、地主取り分も考慮すると、全収量はその二、三倍と推測されるからである。こうした小作や草履作り、そして旦那場からのいわゆる「一把稲」などの収入が、八重原村の部落の人びとの大幅な人口増加を可能にしたと考えられる。

それでは、このように部落人口が増加したことから部落は裕福だったといえるかといえば、それは別に検討しなければならないことであろう。ただ、見通しを述べておけば、信州の部落の場合は、一部に裕福な人はいたが、多くは貧しかったと思われる。各地の史料が部落の貧困を伝えているからである（長野県史など）。ここでは、江戸時代中期から後期にかけて部落の人口は、一時期減少するが、全体的に見れば増加した、したがってそれをささえるだけの経済力はあったと見ておきたい。

第二章　生活の重要な基盤
――賤民廃止令直後の動向から――

一　部落の経済力

近世部落は貧しかったと、一概にいうことはできない。奈良県では、周辺農村と比べて遜色がないどころか、「より安定した経済力を持っていた」部落さえあった、ということを前章で見た。では、そのような経済力は何によってもたらされたのだろうか。

『部落問題学習の充実をめざして』があげている一つは、農業である。大和国ではいくつかの部落で、周辺農村と同程度、あるいは周辺農村より多い田畑を所持していたことが確認されるという。かつて、部落の人びとは田畑を所持することを禁止されていたといわれたことがあるが、そのような事実はなく（いくつかの藩が部落の人びとへ田畑を売ることを禁止したことはある。しかし、それは部落の人びとへの田畑の集中を防止するためだった）、部落の人びとも田畑を所持して農業に従事していたが（ただし、田畑を所持しない人びともいた）、大和国ではその規模が周辺農村と同程度だったり、部落のほうが大きかったというのである。それでは、大和国以外ではどうだったか。概していえば、西日本の部落のほうが大きな面積の田畑を所持していることが多く、東日本の部落は所持していたとしてもその面積は小さかった。

同書があげているもう一つは、「皮革関連の商工業」である。「そうした商工業は、江戸時代中期以降になると、大坂などの商人と結び付いて一層発展し、中には周辺農村を凌ぐほどの大きな経済力を持つ村もあらわれるように」なったと指摘している。また、こうした過程で「田畑を所持しない無高農民が急速に増加」したが、これらの無高農民は「決して生活苦にあえいでいたわけではなかった」。その「多くは確実に生計をたてることができた」とも指摘している。「皮革関連の商工業」は、部落の人びとがほぼ独占するところだったから、多くの富をもたらしたと思われる。

なお、このほか部落では、草履の製造・販売、竹細工、竹箴の製造・販売、灯心の製造・販売、砥石の販売などもおこなわれた。また、芸能や医薬業に従事した人びとも多かった（斎藤一九九五）。これらも部落の人びとの生活をささえた。

それでは、信州ではどうだったか。信州でも部落の人びとがおおむね右にあげた仕事に従事していたことが知られているが、それらが部落の人びとにどのくらいの収入をもたらしたかということは、よくわからない。

また、牢番を務めたり、処刑役を務めたりすると、手当を与えられたことが知られているが（小諸藩における「敲」役の手当については第一部三章で述べた）、これらの収入は臨時的なものだったから、それほど大きな収入になったとは思われない。

もう一つ、信州の部落には「旦那場」から供与される「一把稲」と呼ばれる収入があった。秋の米の収穫時に、旦那場の農家から一軒あたり一把の稲がその旦那場をもっている部落の人びとに供与されるもので（夏の麦の収穫時には麦が供与された）、この収入が信州の部落の場合大きなウエイトを占めていたことが、「賤民廃止令（いわゆる解放令）」（以下、廃止令と略記する）直後の動向からうかがわれるので、近代のことではあるが、ここで見ておきたい。

二　旦那場からの収入

明治四年（一八七一）八月二八日、太政官から「穢多・非人などの称廃せられ候条、自今身分・職業とも平民同様たるべきこと」とする布告が出された。廃止令である。この廃止令に対する部落の人びとの対応に、信州の部落の人びとの主要な経済基盤が何であったかがうかがえる。

尾崎によれば、埴科郡坂木村の部落の人びとは、廃止令が布告された翌月の九月二六日に村役人へ、「昨夜仰せ渡され候儀、村方一同評議仕り候ところ、たとい穢多の名目御廃止相成り候とも、これまで通りの御取り扱いなし下されたく、なおまた一把取り・廻り役なども、これまたこれまで通り下し置かれたき趣」を願い出ている。これによれば坂木村の部落の人びとは、前夜に村役人から廃止令を知らされたことになる。

村役人から廃止令がどのような内容のものとして知らされたかはわからないが、それを受けて協議した部落の人びとは翌日、「たとえ穢多という呼称は廃止されたとしても、これまでどおりの取り扱いをしてほしい」と願い出たことになる。いいかえれば、部落の側から従来どおりの関係の継続を願ったことになる。廃止令が出されたというのに、これはどうしたことだろうか。

そのわけは、右の引用文の後段の「一把取り・廻り役などもこれまでどおり下されたい」というところに示されている。部落の人びとは、次章で述べる「旦那場」の警備役などに従事して、旦那場から「一把取り（一把稲）」などと呼ばれる収入をえていた。廃止令を喜ばなかった部落の人はいないと思われるが、廃止令によって収入が断たれることを心配していたのである。

同年一〇月に八重原村の部落の人びとから出された次の嘆願書には、そのことがはっきり示されている（東御市大塚晴三家文書）。

恐れながら口上書をもって歎願奉り候

一、今般穢多・非人称御廃（止）仰せ出だされ畏み奉り候。然るところ私ども儀は、先祖より格別の御厚恩をこうむり御当村に住居仕り、只今御平民同様の御取り扱いに相成り候ては妻子養育相成りがたく、一統悲歎仕り候。恐れながらこの段聞こし召しわけさせられ、従前の通り仰せつけられ下し置かれ候よう歎願奉り候。右願いの通り御聞き届けなしくだされ候上は、何様に仰せつけられ候とも、聊か違背仕るまじく、これにより一同連印書をもって願い上げ奉り候。以上。

願い人

明治四辛未年十月　　　彦　八㊞

（以下一〇名略）

御支配様

御役所様

宛名の「御支配様」は、近世前期に八重原新田（八重原村）を開発した黒沢嘉兵衛の子孫をさす。黒沢家がいつから「御支配様」と呼ばれるようになったかはよくわからないが、代々こう呼ばれ、村役人より上位に位していた。「御役所様」は、村役所をさす。

差出人の彦八は、前章で見た上丸子村から引っ越してきた彦八の子孫である。また、前章で見たように明治四年（一八七一）の八重原村の部落は一一軒だったから、これは部落全戸をあげて村首脳へ願い出たものといえる。なお、彦八の判が押されたこの嘆願書が名主家文書として伝来していることから、実際に村へ提出されたものであることもわかる。

それでは何を願い出たか。本文冒頭には「今般穢多・非人称御廃（止）仰せ出され畏み奉り候」と記されている。この「穢多・非人称御廃（止）」が、廃止令をさすことはいうまでもないであろう。なお、このことから廃止令が、これ以前に八重原村の部落の人びとへ伝えられていたこともわかる。ついでにいえば、廃止令はおおむね九月中旬から下旬には信州の村々へ通達されている。

この嘆願書は、その廃止令を受けて願い出たものだが、ここには坂木村の部落の人びとが心配していたことがはっきりと記されている。すなわち、「いま平民同様に取り扱われては、妻子を養育することができないと、一統悲嘆にくれている」というのである。いいかえれば、いま「平民同様」とされ、旦那場からえていた収入を断たれたら生活できないというのである。だから、「従前のとおり取り扱ってほしい」と願い出たのである。

坂木村・八重原村の部落の人びとは、廃止令をとるか、生活をとるかという選択を迫られ、生活をとることを選択した（せざるをえなかった）といえよう。無惨なことに思われるが、このことから両村の部落の人びとの生活の重要な基盤が旦那場からえられる収入にあったことがうかがえる。

三　村からの圧力

坂木村・八重原村の部落と同じように、生活を選択した部落はほかにもいくつかあったが、それらを見ると、その背景には村からの圧力があったと考えられる。いや坂木村の部落の場合も、前日の夜に廃止令を伝えられ、すぐその翌日に右のように願い出ていることから見て、村が廃止令を伝えるさいに、廃止令を受け入れるならば「一把稲」は与えないというような「圧力」をかけたのではないかと推測される。そういわれたら、「一把稲」に依存して生活していた部落の人びとは、生活に困ることになる。そこで右のような願いを出さざるをえなかったのではないだろうか。

いま、坂木村の村役人が「圧力」をかけたのではないかと推測したが、この推測は佐久郡小平村の名主吉沢吉利の日誌簿に記されている次の記事が、一つの傍証になろう。小平村では、明治五年（一八七二）正月一八日に村役人が会合し、その席で「穢多の儀これまで通り勤め候わば稲一把ずつ遣わすべし。

平民同様の積もりに候わば、くれ遣わすに及ばず」と決定した。そして、翌日このことを部落の頭へ伝えている。ここではっきりと、「これまでどおり務めれば一把稲は与えるが、平民同様のつもりならば一把稲は与えない」と言い渡されている。これに対して部落の頭はその場で、これまでどおり務めると返事をして退出するが、その後戻ってきて、右の返事を撤回し、世間のようすを見て決めたいので、返事を待ってほしいと願っている（『望月の町民の歴史』第一〇集）。

同様のことは、松代でも見られた。塚田が、郷土史家であった故大平喜間多からの伝聞として紹介しているものだが、松代県下のある村で「『えた』の身分から解放されたと、祝杯をあげてよろこぶ『部落』のひとびとにむかって、その宴にまねかれた村の有力者が」「このさい、これまでの『旦那廻り』も一切やめてもらいたい」とつげた。これを聞いた部落の人びとは、「身分はもとどおりで結構だから、『旦那廻り』だけは、まえまえどおりにしておいていただきたい」と、「哀訴」におよんだという。

なお、ここで紹介されている故大平喜間多の話の元になった史料は、松代藩重臣片岡志道の『見聞録』（長野市真田宝物館蔵）に記されている町川田村の事例であろうと、樋口和雄が教えてくれた。そのうえ樋口は、その読み下し文も送ってくれた。その最初のところには「町川田村の穢多は、村民に入りたるとて、名主元へ参り、一村の人を招きたき旨案内を申し入れたり」と記されている。部落の人びとが、自分たちも同じ「村民」になったので、村民を招きたいと申し入れたことがわかる。

ところが、村民には「誰れあって行く者」がなかった。そこで「鬮《くじ》取り」をして、鬮にあたった一人が代表として行った。そして迎えてくれた部落の人びとへ「このたび平民となりたる上は、互いの事なり。よって、従来村中より遣わし来たりたる秋作の稲をはじめ、祭日・祝日、そのほか遣わし来たりたるすべての物は、いっさい与えざるなり」と言い放った。同じ平民となったからには「一把稲」などは今後「いっさい与えない」というのである。

これを聞いた部落の人びとは「はじめ無言」で、ついで「台所などへ寄り集まり」相談したのち、「まず今日は御引き取りくだされたき旨、申し述べた」ので、代表は早々に引き取った。

それでは、この結末はどうなったか。「翌朝、(部落の人びとが) 別に詫びて、万端これまで通りに願いたてまつりたき旨を言いたる由」と最後に記されている。部落の人びとが村民に全面屈服したことがわかる。これは、樋口がいうように、先の故大平喜間多の話と酷似している。おそらく故大平喜間多の話の元になった史料と思われる。

このように、廃止令を喜ばない村 (役人) が、「一把稲」による収入と、「平民同様」とをはかりにかけて、部落の人びとへどちらを選択するかあちらこちらで迫った。そのように迫られたら、小規模散在型で、多くが「一把稲」に依存して生活していた信州の部落の人びとは、とりあえずは生活を選択せざるをえなかったのではないだろうか。前節で見た八重原村の部落の人びとの嘆願書も、じつはこうした圧力のもとで作成されたのではないかと推測される。嘆願書の「いま平民同様に扱われては、妻子を養育することができない」という文言に、そのことが示されているように思われる。

四　廃止令を根拠にたたかった部落

とはいえ、少数ではあるが廃止令を根拠に差別とたたかった部落もあった。なかでも、積極的なたたかいを展開したのが、加増村の部落だった。尾崎がくわしく述べているので、まずそれを見よう。

加増村の名主の記録には、例年正月にやってきていた部落の人びとが、明治五年（一八七二）正月には「何方よりも一円参り申さず」と記され、これは「平民御触れゆえ哉」と記されている。名主が推測しているとおり、「平民御触れ」＝廃止令を受けて部落の人びとが例年おこなっていた正月の挨拶廻りをやめたものと思われる。

また同年正月には、第一部一章で見たように、部落の人びとが廃止令を根拠として求めていた、「海応院庭掃」を「海応院旦那」にあらためてほしいとした願いが、海応院末寺の「全宗寺旦那」とされることで決着を見ている（一月に決着を見ていることから、この願いは廃止令が出されてまもなく提出されたものと推測される）。

同年六月には、「万端御村方百姓一同の御取り計らい」を求めた行動を開始する。この過程で、部落の旦那場を持っている人びと、および彼らに荷担する人びと（旦那場持ち。一四、五人）と、持っていない人びと（大勢組）との廃止令の受け止め方の違い・対立が表面化するが、最終的に村役人に「向後旧習相省き、村内同一に相成り候よう取り扱い申すべく候」と誓約させることに成功する。

明治六年（一八七三）八月には、「村祭りの村方・部落統一」を提起する。しかし、これは村側から拒否されてしまう。

明治七年（一八七四）三月には、「村落段階における参政権」を求めて活動を開始する。そして一〇年後の明治一七年（一八八四）には、部落からも村の役員を出している。

同じ明治七年五月、大勢組は小原における木戸相撲興行にさいし、「木戸銭支払いの上見物したい」と申し入れている。村側が部落は木戸銭無用としたことに抗議して、である。この申し入れは認められたが、そのさい村側から桟敷を文六組（旦那場持ち）と同じ場所にされたことを、大勢組が拒否することは認められなかった。

さらに明治一三年（一八八〇）には、長野県で唯一の部落独自の学校である「惟善学校」を設置する。そして翌一四年には、加増村からの「分村願い」を加増村と連署して提出している。村側の根強い差別に、独自の村づくりを決意したものと思われる。しかし、これは認められなかった。

このように加増村の部落の人びとは、廃止令を根拠としてさまざまな差別とのたたかいを展開した。なお第一部四章で述べたように、この間の明治五年（一八七二）五月に大勢組は、「以来落ち牛馬生皮の儀は申すに及ばず、皮職の儀きっと相慎む」という申し合わせもしている。本来からいえば、「皮職を慎む」必要などないわけだが、差別を受けたくないという部落の人びとの思いが、このような申し合わせをさせたものと思われる。

それでは、加増村以外の部落でのたたかいはどうであったか。残念ながら、史料ではそうしたたたかいを見出すことがほとんどできなかった。しかし、明治五年（一八七二）五月に水内郡大坪村の五兵衛・利右衛門を願い人物代として長野県役所へ願い出た新田開発願いは、廃止令を根拠とした一つのたたかいだったといってよいであろう。というのはその願書のなかで、「解放令に基づき、新田開発をして帰農したい」と願っているからである（『信州の部落の遺産』）。これは、生活の基盤を農業に求めようとしたものといえる。また塚田によれば、明治五年五月に塩崎村角間部落の和蔵ら九人は、廃止令によって平民とされたために一把稲が支給されなくなり食糧に困っている。ついては、それを補うために「堤敷」（河川敷のことと思われる）を開発したいので許可してほしいと願い出ている。これも、一つのたたかいだったといえよう。

もう一つ、井ケ田良治によれば、諏訪郡川岸村では祭礼への平等参加を求めたたたかいが展開され、明治一三年（一八八〇）の大審院の判決で勝利したという。この判決は『大審院民事判決録』に載っているが、それを見ると松本地方裁判所・東京上等裁判所で敗訴した部落の人びとが、代言人を立ててねばり強くたたかい、最後に大審院で勝訴したことがわかる。

以上のように、加増村部落では廃止令を根拠としてさまざまな差別とのたたかいが展開されたが、ほかの部落でのたたかいを見出すことは、史料ではほとんどできなかった。こうしたたたかいがほかにもなかったたか、今後さらに調べる必要があるが、加増村部落のように立ち上がった部落は少なかったのではないかとも思われる。なぜなら、これまで見てきたように信州の部落は小規模散在型で、旦那場である村や町への依存度が大きかったからである。

五　依然として旦那場廻り

この結果、「旦那場廻り」が明治八年（一八七五）末にいたってもあちらこちらでおこなわれていたことが、塚田が紹介した「官許長野毎週新聞」第八一号（明治八年一二月五日号）に掲載された投書から知られる。投書者のところには、「第二十六大区一小区住　新平民　高橋重勝」と記されている。この投書で高橋はまず、「去る辛未の歳（明治四年）、有り難い御趣意で、陋劣な私どもが、穢多だの非人だのと云う名称が御廃止に成った上、更に皇国三千五百万の御人籍へ御列ね下さりまして、誠に誠に嬉しくて有り難くて涙がこぼれました」と、廃止令が布告された感激を述べている。

ついで、「それにつき、私どもは一生懸命働いて、謂われなく人様から只何か貰うような見苦しいことはしたくないと思って居りますが、依然同業の者の中に、心得違いの奴は箇様な有り難い御趣意を何んとも思わず、従前の通り、夏冬旦那廻りと唱えて麦や籾を貰って居る者が、彼方此方にありますが、下さる方々も貰う者も御規則に背くことで、右のために私どもの仲間が二つに割れ」云々と述べている。

これによって廃止令から四年後の一八七五年にいたっても「旦那廻り」をしている人びとがあちらこちらにいたことがわかる。それだけでなく、そのために部落の人びとが「二つに割れ」ていたことも知られる。加増村部落で見られた内部対立は、ほかの部落でも見られたことになる。

さて、高橋はこの投書で、そのように依然として「旦那廻り」をしている人びとをきびしく批判しているわけだが（高橋の批判したい気持ちがわからないわけではないが）、この批判は「旦那廻り」をしている人びとに対していささか酷ではないかと思われる。「旦那廻り」をしている人びとからすれば、生活がかかっているから、簡単にはやめられないことだったと思われるからである。それだけでなく、そこには村から「圧力」がかけられていたと推測されるからである。したがって高橋は、そうした「仲間」を批判するよりは、「仲間」をあいかわらずそうした境遇にさらしている人びと・社会をこそ批判すべきではなかっただろうか（「下さる方々」も批判してはいるが）。

なお高橋が、旦那廻りをして麦や籾を貰うことを「謂われなく人様から只何か貰う」行為と理解していることから、このような批判がおこなわれているわけだが、「一把稲」は「謂われなく人様から只何か貰う」ものだったのだろうか。そうだとすれば一把稲は、旦那場住民から一方的に恵みとして施されるものということになるが、このような理解でよいだろうか。

次章で検討するように、一把稲は近世初頭から（実際は、これよりさらに前からであることは確実だが）明治初期まで供与されつづけた。ということは、右の理解にしたがえば、旦那場住民は少なくとも二七〇余年にわたって「謂われなく」一把稲を施しつづけ、部落の人びとは少なくとも二七〇年余にわたって一把稲を貰いつづけたことになる。しかし、このような「施す／貰う」関係が二七〇年余にもわたって「謂われなく」つづけられたとは考えにくいであろう。そこには当然「謂われ」があったと見るべきではないか。では、その「謂われ」は何かといえば、部落の人びとが斃牛馬の処理や警備・掃除などを通じて地域社会をささえる一翼を担っていたことへのいわば「対価」ではないかと考えられる。しかし、時の経過とともにそうした「謂われ」がわからなくなって、多くの人びとに一把稲が「謂われなく施すもの」と理解されるようになり、部落の人びとにも次第に「謂われなく貰うもの」と理解されるようになってしまったのではないだろうか。

ところで青木孝寿（一九八二）は投書者の「高橋重勝」について、「第二十六大区一小区」は水内郡牟礼村だが、当時牟礼村に「高橋重勝」はいないので、誰かの仮名ではないかと見ている。そして、それは誰かといえば、明治一一年（一八七八）に「部落子弟の就学について楢崎寛直県令に歎願した二人の代表者のうちの一人」である、高橋善次郎ではないかと推測している。またこの善次郎は、安政三年（一八五六）四月に牟礼村の部落の人びとが、村の差別的な扱いに抗議して提出した嘆願書の最後尾に署名している善治《（次）》につながる人物ではないかとも推測している。関心をひかれる推測だが、樋口和雄（一九九九）によれば、善次は天保六年（一八三五）に二三歳だったというから、明治一一年には六八歳で、生存していてもおかしくない年齢である。そうすると善次＝善次郎ということも考えられるのではないか。そうだとすれば、善次＝善次郎は若年から晩年まで一貫して差別とたたかった人物ということになり、いっそう善次に関心をひかれる。

それはともかく、右の投書からは廃止令から四年後の明治八年になっても、あちらこちらで部落の人びとが「旦那場廻り」をしていたことが知られる。このことからも旦那場からえられる収入が、部落の人びとの生活に大きなウエイトを占めていたことがうかがわれる。

なお本題からはそれるが、廃止令が布告された明治四年（一八七一）から同六年にかけて、民衆が廃止令に反対し、被差別部落を襲撃する事件（いわゆる解放令反対一揆）が京都以西の西日本各地で起こったことは、すでによく知られている（上杉聰）。なぜ反対一揆は西日本で多発し、東日本では起こらなかったのかということが、かねてから問題とされていたが、その一つの理由として右に見てきたことがあげられるのではないだろうか。つまり、廃止令が出されても、それまでの関係がそれほど変わらなければ、被差別部落を襲撃する必要など生じなかったと思われる。

これに対して反対一揆が起こった地域では、上杉聰によれば、「多くの農民が強く抱いた不満の第一は、『被差別部落民が傲慢になった』とする反応と、同時にその新しく起こった事態を防止しようとする意識として括ることができる」という。被差別部落の人びとが廃止令を受けて急に「傲慢」になったというような事実はなかったと思われるが、そのときまでに相当の経済力を蓄えていた部落あるいは個人が西日本には数多く存在した。しかし、いくら経済力をもっていても「えた」身分であることに変わりはなかった。ところが廃止令によって、それらの人びとも「平民」とされた。つまり、廃止令によってそれまでの「えた―平民」という上下あるいは差別の関係が、「平民―平民」という形式的には対等の関係に変えられたのである。これによって平民が「被差別部落民が傲慢になった」と感じることは大いにあったと思われる。こうしたちがいが、東日本で反対一揆が起こらなかった一つの理由と考えられるのではないだろうか。

第三章　旦　那　場

一　旦那場をめぐって

近世部落の人びとは、「旦那場」と呼ばれる（地域によって「草場」「芝場」「職場」などとも呼ばれる）「場」をもっていた。その「場」のなかで生じた斃牛馬を処理したり、見廻りをしたり、あるいは勧進をしたりなどする範囲である。その範囲は、もともとは川や尾根などを境界にして決められた（これを絵図面にしたものもある。「職場絵図」「草場分界絵図」などと呼ばれている）。しかし、後には村名で表現されることもあった。旦那場は、一村のこともあれば、数か村から数十か村、ときには数百か村におよんだ。このうち一村や数か村の狭い旦那場は、もともとは相当の広さを持っていた旦那場が後に分割された結果ではないかと考えられる。また旦那場は、もともとは部落の人びとが集団として所有していたと思われる。しかし、数百か村にもおよぶ広い旦那場の見廻りなどは成員によって分担されていたはずで、それが後に固定化され、個々の成員の権利に変化していったのではないか。その結果、売買や質入れもおこなわれるようになったのではないかと思われる。とはいえ、その売買・質入れは、部落の人びとのあいだでおこなわれ、部落の人びと以外へ売買・質入れされることは原則としてなかった。

旦那場は、前章でも見たように近世部落の人びとにとってきわめて重要な意味をもっていた。それゆえこれまで全国各地で多数の研究がつみ重ねられてきており、信州の旦那場に関してもすでに先学によって言及されている。しかし、信州の近世部落の旦那場そのものを対象とした研究はまだない。そこでこの章では、その具体的なあり方と特徴を明らかにすることを課題としたい。それによって、旦那場の歴史的性格を解明する作業に、なにがしか加えることができればと考えている。

ただし、旦那場は後述するその性格ゆえに、部落内史料以外にはあまり表現されないが、その部落内史料が前述したように信州では極めて少ないという問題がある。このため、おもに領主側や村・町の史料から追求するしかないことから、不十分な検討に終わってしまっているところがあることをあらかじめことわっておきたい。また、宗教者や芸能者、あるいは近世部落以外の被差別民も、それぞれ旦那場を持っていた。それらと共通するところと異なるところを見極めていけば、近世部落の旦那場の特質が一層明らかになると思われるが、私の非力から、そこまでおよばなかったこともことわっておきたい。

二　塚田・尾崎の研究から

旦那場は、近世部落の人びとと密接なかかわりをもっていたから、全国各地で早くから多数の研究が積み重ねられてきている。それについては最近、藤沢靖介「旦那場・勧進場に関する研究ノート」が詳細な検討をしているので、それを参照していただくことをお願いし、ここではさっそく信州の近世部落の旦那場について見ることにしたい。ただ、一つだけ指摘しておけば、研究の早い段階では「旦那場」＝「斃牛馬処理権を持っている場」と「狭く」理解される傾向があったが、近年は斃牛馬処理だけでなく、警備・掃除などもおこなう場として「広く」理解されるようになってきている。

さて右に述べたように、信州の近世部落の旦那場そのものを対象とした研究はまだない。しかし、塚田や尾崎らの研究のなかで言及はされている。塚田・尾崎によって明らかにされてきた事実と論点をまず確認しておきたい。

塚田（一九八九）は、旦那場について次のように述べている。

「えた」は「御役目筋」として、治安関係・清掃・市場の取締り・夜警等を担当したが、そのそれぞれの管轄区域を指して旦那場という。数か村にわたったり、一村が複数の「えた」の区域にわかれたりした。「えた」は御役目をはたす代償として、旦那場内の斃牛馬処理権をもち、旦那場内の家々（旦那）から一把稲を貰い集めたり（「えた籾」で与えられたり）、市場銭を徴収する慣例であった。

「旦那場」や「一把稲」の理解の仕方には留保したいところがあるが、信州の「旦那場」がどのようなものか、どのように理解されてきたかといったことが概括的に述べられているといってよいであろう。

なお、ここでの「えた籾」について塚田（一九八九）は、

本来は、旦那場の村々では秋の刈り入れの際、家ごとに「えた」のために、一把分の稲を刈り残しておいたところから「一把稲」といわれたが、後には「えた籾」というように籾や麦になった。

と説明していて、「一把稲」が後年「えた籾」と呼ばれたとしているが、私が見た史料では、部落の人びとが納める年貢を「えた籾」と呼んでいるものが多く、また明治初年の史料にも「一把稲」と記されているので、右の説明には疑問がある。ちなみに「一把稲」の供与の仕方も、右のように「一把分の稲を刈り残しておいた」ところもあれば、刈り取った稲一把を田の畔《あぜ》へ置いておいたところもあったようである。

その「一把稲」について塚田は、「公務である長吏の仕事に対する代償」と理解している（ただし私は、「公務」に対する「代償」とする理解には疑問をもっている）。その根拠として塚田は、慶長三年（一五九八）一一月七日付文書で「海津領主田丸直昌が、かわや物頭孫六に、かわや役や牢番・城内清掃等の代償として、領内農家から従来どおり門並に籾一升（京桝）ずつ徴収することを認めている」ことなどをあげている。その史料は、次のとおりである。

御分領《(領分)》在々に於いて、前々の如く門並次第、籾子一升取るのこと仰せ付けられ候。新納め舛をもってこれを取るべく候。ならびに居屋敷御扶助を加えられ候。然らば、

一、箒　　　百本
一、鉄砲どうらん《(胴乱)》　十
一、鼻皮　　五間

右の分、毎年進上致すべく候。御城三の丸まで毎日掃除仕るべく候。籠《(牢)》の御番などの儀は惣革屋に申し付くべく候。御意としてかくの如く候ものなり。

慶長三年
十一月七日

祖田安兵衛 御書判
高橋平右衛門 御書判
かわや物頭（者）
孫六

この内容については、すでに第一部四章で述べたのでくり返さないが、海津領主が孫六（肩書を「かわや惣頭」とした本があるが、史料では「かわや物頭」である）に「門並次第、籾子一升取る」ことを認めたことが知られる。ただし、「前々の如く」と記されていることから、すでにこうした権利はそれ以前から存在しており、それを海津領主があらためて認めたものと考えられる。いわば安堵されたと見るべきだろう。ということは、一把稲は近世権力によって新たに付与されたものとはいえないことになろう。

なお、塚田が掲げている慶長五年七月九日付の海津領主から孫六へあてた文書には、「牢の番・細工を務めることに対する「扶持として門並の籾子一升ずつ取り申すべく候」と記されている。ここでは一把稲が、領主側からは「扶持」と位置づけられていたことが知られる。

ちなみに、この二つの史料には「籾子一升」と記されていて、これがなぜ一把稲と呼ばれるのかわかりにくいが、塚田が掲げている右の慶長三年文書と同日付の別の文書には、「前々の如く門並次第、稲一把取るのこと」と記されている。「籾子一升」と「稲一把」は同意と考えられ、ほかにも「一把稲」と記す史料が信州には多くあることから、一般的には「一把稲」と呼ばれている。

なお塚田は、

上田領内の「えた」は、上田城下の牢番はもとより、矢沢や禰津など他領内に「旦那場」をもったばあい、それぞれ矢沢陣屋・禰津陣屋の牢番をつとめた（以下略）

と、上田領内の部落の人びとが他領内に「旦那場」をもっていたばあい、他領の牢番を務めたことも指摘している。これは、近世の支配領分と「旦那場」が重なっていないこと、その場合は多領の牢番を務めたことを指摘した、もっとも早いものではないかと思われる。

次に、尾崎の研究を見ることにしよう。尾崎は、「部落には村方巡視的役割があり、ある特定の個人が巡視する村は決まっていて、その村をその人の廻り場あるいは旦那場と称した。この廻り場からは、巡視に対する反対給付として、一把稲と称する籾を得る権利があった」と述べている。

尾崎は、部落の個人が「巡視する村」を旦那場、「巡視に対する反対給付」を一把稲と理解している。これは旦那場を「巡視する村」と狭く限定しすぎているように思われる。また一把稲の理解も「巡視に対する反対給付」と狭く限定しすぎているように思われる。一把稲は、「巡視」に対してのみ供与されるものではないからである。なお尾崎が、「ある特定の個人が巡視する村は決まっていて」と、当初から旦那場が「特定の個人」に所有されていたように述べている点も、検討の余地があろう。旦那場はもともとは部落の集団的な所有だったと思われるからである。それが、後に個人に分割所有されるようになったと考えるべきではないだろうか。

もっとも、尾崎が指摘したのはこれだけでなく、「廻り場を持っているものと、持っていないもの」があること、廻り場が売買されていたこと（売買の際には「村方にも相当強力な発言権」があったこと）、なども指摘している。

なかでも塚田が指摘していた、他領内に旦那場をもっている者は、他領の牢番を務めなければならなかったことを、多くの史料で明らかにしたことは重要である。同様のことが愛媛でも見られたことを、高市光男が指摘している。すなわち「①周布郡玉之江村は、西条領で、同村穢多は西条穢多頭の配下にあるが、小松領新屋敷村を檀那場としているため、小松領穢多頭の指揮のもとに、小松藩の掃除役をつとめている」こと、および「②新居郡氷見村は西条領で、西条穢多頭の配下にあるが、小松穢多頭の指揮のもとに、小松藩の牢番役をつとめている。その理由はわからないが、小松藩新屋敷村に接しているので、小松藩のどこかを檀那場としていたものであろう」と述べている。また関東では、塚田孝が『鈴木家文書』から、「箕田村は忍藩領ではないが、忍藩の城下町行田は箕田場に含まれていたため、忍藩の牢番は箕田村の者たちが勤めていた」と指摘している。旦那場は幕藩領主の領分を越えて存在しており、他領内に旦那場をもっている者は幕藩領主の領分を越えて牢番役、さらには掃除役などを務めたという指摘は、旦那場について考えるうえで注目に値することといえよう。

以上が信州の旦那場に関する塚田と尾崎の研究である。このほかにも湯本軍一ら先学が旦那場に言及しているが、それらについては行論のなかでふれることにして、以下旦那場についてあらためて史料に即して見ることにしたい。

三　「一把稲」

まず、信州で一般的に「一把稲」と呼ばれるものはどのようなものか、史料によって見ることにしよう。

①先に見た慶長三年の海津領主から「かわや物頭《(者)》」孫六へあてた文書の「門並次第、稲一把」「門並次第、籾子一升」も一把稲を示すものだったが、元文三年（一七三八）四月の岩村田藩「領内穢多取締触」の一節には、次のように記されている（長野県史）。

一、穢多ども旦那場より、先々より一把取りと名付け、稲貰い来たり候由に候ところ、その旦那場の者、外へ田地売り渡し候えども、その田地を追い候て他村までもまかり越し、ねだり申し候由、この段不届きに候間、以来先規の通り申し付くべく候。

部落の人びとが、旦那場から「一把取り」という名称で稲を貰っていたことが知られる。その田地が他村の者へ売却されると、その田地を購入した他村の者へ一把稲を求めたというから、部落の人びとが一把稲を自らの権利として重視していたことも知られる。もっとも、他村の購入者にまで一把稲を求めることは、ここで岩村田藩によって禁止されているが。なお、この史料では一把稲が土地についたもののように部落の人びとによって解釈されているが、一般的には旦那場内の家についたもの（「門並み」）と解釈されている。

②佐久郡田野口村牢守作右衛門から死牛を奪ったと訴えられた、同郡高野町村牢守忠右衛門の寛文三年（一六六三）四月付の返答書には、次の一節がある（長野県史）。

一、川上の儀、作右衛門御旦那場にござ候を、作右衛門に断りも申さず、拙者取り申し候由、作右衛門申し上げ候。三十五年以前巳年（寛永六年）、御縄入れ申す時分、岩波七郎右衛門様御縄御奉行にござなさせられ候につき、拙者ども屋敷所ならびに御扶持下され候ようにと御訴訟申し上げ候えば、屋敷所は御除き下され候。只今までは、何様に仕過ぎ候哉と御尋ねにござ候間、拙者ども申し上げ候は、前々より里筋は御百姓一人にて、秋田にて稲一把ずつ下され候。山方は雑石（穀）を一升ずつ下され候と申し上げ候えば、岩波七郎右衛門様仰せられ候は、前々の通りこの上はいよいよ右の通りに仕り候えと仰せ付けられ候につき、川上筋まで取り来たり申し候ゆえ、川上筋より御巣鷹毎年上がり申し候。笠なども差し上げ申し候。殊に川上衆曲事仰せ付けられ、籠（牢）舎など成られ候にも、この方にて御番仕り候に、田野口村作右衛門は一円仕らず候御こと。

忠右衛門によれば、寛永六年（一六二九）に検地奉行岩波七郎右衛門へ屋敷地と「扶持」をくれるよう願い出たところ、屋敷地は除地とされたという。そのさい岩波から、これまでどのようにして過ごしてきたかと問われたのに対し忠右衛門は、前々から「里筋」では「百姓一人」につき「稲一把」、「山方」では「雑穀を一升」貰ってきたと答えている。これに対して岩波から、今後も「前々の通り」と仰せ付けられたというから、忠右衛門には「扶持」のように意識されていたかも知れないが、これも一把稲と見てよいと思われる。なお末尾に、次節で見る御巣鷹の笠を上納していたことや、牢番を務めていたことが述べられているのも、川上筋が忠右衛門の旦那場であったことを示していよう。

③前章で見たように、佐久郡加増村の部落では、明治四年（一八七一）の賤民廃止令を受けて差別とのたたかいが展開されるが、その渦中で旦那場を持っている者（一四、五人）と、持っていない者（「大勢組」三四人）との対立も生じていた。そのさい旦那場を持っていない人びとが、旦那場を持っている人びとを批判した一節に、

弥右衛門・半右衛門ほかに十二、三人は、これまでの通り旦那場へ出入り致し居り、一把稲貰い居り候ゆえ故、何分にも三十四人は廻り場持たざる者にござ候ところ、右廻り場持ちの者、すべて御祭りにつき当時芝居・狂言などもござ候場所へ棒など持参にて参り候えば、何分にもこれまでの穢多名目のけ申さず。

と記されている（尾崎）。旦那場を持っていた人びとが、賤民廃止令後も旦那場へ出入りし、「一把稲」を貰っていたこと、また棒などを持って祭りの場の警備役をしていたことが知られる。これに対して旦那場を持たない人びとが、廃止令後もそのようなことをしているから「穢多名目」がなくならないのだと批判している。

このように「一把稲」は、旦那場から「貰うもの」だった（ただし前章で述べたように、「貰うもの」といっても、旦那場から施しのように与えられるものではなく、貰うべき「謂われ」があって貰ったものと、私は理解している）。これを部落の側からいえば、旦那場は「一把稲」を貰える範囲ということになる。

ところで、「一把稲」といっても、貰うものは稲だけに限らなかった。そのことを示しているのが、文政一一年（一八二八）一一月と推定される「孫七旦那場仕来りのこと」と題された留書である。松本藩領成相組成相新田町村の名主と問屋を世襲した藤森家の八代目の当主新之丞が書き留めたもので、孫七は成相組の頭筋の「穢多」ということだから（もしかすると松本藩領に見られた「長吏組頭」かも知れない）、これによって孫七や、その他の被差別民の旦那場における「仕来り（慣行）」を知ることができる。次のとおりである（塚田一九八九）。

孫七旦那場仕来りのこと

一、夏大麦、秋籾、右村々家別に□（寄せ廻り）候こと。
一、市役の儀、出し来たるの村々より、その所の産物仕来り通り寄せ廻り候こと。
一、盆暮三度市の節、市役出さざる村々の者売買致し候えば、右市売買の節、市役として銭少々ずつ寄せ廻り□（候）こと。
一、正月年礼旦那場廻りの節、穢多ならびに女房へ□□寄せ廻り候こと。
一、宮番非人の儀は、当町村家別（に）五節句の搗き餅貰い寄せ廻り候こと。
一、同断非人へ、歳暮として銭三百文、役場より差し出し候こと。
一、林番非人の儀は、林持主ならびに役人・頭立ち日方（旦那カ）へ、五節句等の節、搗き餅寄せ廻り候こと。
一、宮番小屋諸普請など、村方にて家別（に）出銭□（致し候）こと。
一、林番小屋普請の儀は、林持ちにて出銭致し候こと。

一、穢多家普請の節は、旦家村々家別（に）出銭致し候こと。

以上の一〇か条だが、このうち一・二・三・四条と一〇条が「穢多」身分の孫七（とその妻）らに関する仕来りになる。塚田（一九八九）の解説によれば、各条から次のことが知られる。

一条からは、「夏大麦、秋籾」を旦那場村々の家ごとに徴収して廻ったことが知られる。塚田によれば、藤森家では「孫七に夏大麦三升、秋籾三升ずつ、女房には同一升ずつ出している」が、一把稲は「本来は、旦那場の村々では秋の刈り入れの際、家ごとに『えた』のために、一把分の稲を刈り残しておいたところから『一把稲』といわれた」という。なお、坂井康人の教示によれば、「一把」とは稲藁を穂先で結んで稲を束ねたもの、とのことである。

二条からは、市役として、「市で売買する者の村々から、その村の産物（あるいは金銭）を」徴収したことが知られる。三条からは、「月々の定期市（六斎市）でなく、歳末や盆にたつような特別な市（三度市）には、市役を払わない遠方の村からも売買にやってくる者があり、その場合に、市役として銭少々（市役銭）を徴収」したことが知られる。

四条からは、正月の年礼に旦那場を廻り、「穢多ならびに女房」が（籾を）徴収したことが知られる。右の藤森家では「孫七に籾二升、女房に同一升与え」た。また「この年始参りに『えた』は裏つき草履一足、女房はねりふし（不明）を持参している」という。

一〇条からは、「穢多」身分の人の家普請のさいには、旦那場村々の家ごとに「出銭」したことが知られる。

「孫七旦那場仕来りのこと」からは、孫七と旦那場との間に以上のような「仕来り」があったことが知られる。「一把稲」は、狭義には秋の収穫時に旦那場の家々から軒並みに供与される一把の稲をいうが、それだけでなく「夏大麦」や正月の貰いものなど、旦那場から供与されるものの総称でもあった。

四　役儀と旦那場

1　一把稲は「扶持」「役料」か

信州の旦那場を考えるうえで、次の史料ほどいろいろなことを考えさせられる史料はない(長野県史)。

恐れながら御訴訟申し上ぐ御こと

一、拙者ども儀、高野町御籠《(牢)》の御番仕り候者ども(に)ござ候。その上御縄付きござ候えば、拙者ども甲府まで引き連れ申し候。殊に御せいばいものござ候えば、野に伏し御番仕り申し候。色々御法度者ござ候時は、御役儀数多ござ候を、我等どもばかりにてつとめ申す儀迷惑に存じ奉り候御こと。

一、御巣鷹の笠、一巣に二つずつ、拙者ども年々差し上げ申し候御こと。

一、右の通り拙者ども御役儀仕り候えども、高井郡の町離《(長吏)》ども、御旦那場より秋・夏の御切米は申し請け、御役儀はいっさい仕らず候。殊に去年高井郡よりの御籠入りござ候にも、御番拙者どもばかりにて仕り申し候。当年も高井郡より御縄付き参り候にも一人も参らず、拙者どもばかりにて百日余り御番仕り、迷惑に存じ奉り候につき、今度右の通り高井郡の町離どもに断り申し候えば、御代官様の御意にござ候わば、異議申すまじく候と申し候間、御情けに仰せ付けなされ下さるべく候御こと。

寛文六年
午の九月七日

高野町の
与右衛門㊞
野沢村の
又　助㊞
中村の
甚十郎㊞
小諸の
弥十郎㊞
同所の
与左衛門㊞
矢島村の
惣十郎㊞
高呂村の
勘三郎㊞

長窪村の
　角右衛門㊞
平原村の
　佐右衛門㊞

御代官様

寛文六年（一六六六）九月に、甲府徳川領である信州佐久郡・小県郡内の九名の「長吏」が、同じく甲府徳川領である信州高井郡内の「町離」（長吏）へも自分たちと同じように「役儀」を務めるよう命じてほしいと、甲府徳川領の代官へ願い出たものである。ここからは、二つのことが知られる。

一つは、「御旦那場より秋・夏の御切米」を貰う、すなわち一把稲を貰うのは（ここでは「切米」とされていて一把稲ではないように見えるが、これは佐久・小県郡の「長吏」のとらえ方であって、実態は一把稲と思われる）、牢番や囚人の護送・処刑（成敗）のさいの番・警備役などの役儀を務めているからだ、と部落の人びとが考えていたことである。とはいえ、同じように一把稲を貰っていながら、高井郡内の部落の人びとがこの時点で役儀を務めていなかった事実もここには記されている。すなわち、高井郡内の部落の人びとも旦那場をもっており、一把稲を貰っていながら、役儀は務めていない。ということは、一把稲は役儀を務める代償だとは、ただちにはいえないことになろう。またこのことから、「役」によって部落が編成されたとする、一部の研究者に見られる考え方も再考をせまられるといえよう。これで見るかぎり、高井郡内の部落の人びとは一六六〇年代にいたっても、役儀によって編成されていたとはいえないからである。

二つは、甲府徳川領の牢番などの役儀を務めているという部落の人びとのなかに、甲府徳川領以外の人びとがふくまれていることである。すなわち、小諸・平原村は小諸藩領であり、高呂村は祢津旗本領であるから、他領の部落の人びとが甲府徳川領の役儀を務めていたことになる。なぜ他領の部落の人びとが甲府徳川領の役儀を務めているのだろうか。甲府徳川領内に旦那場をもっていたからだとしか考えられない。そうだとすれば、旦那場は近世の支配領域とは重ならない、近世の支配領域とは異なる区切られ方をしており、また時間的には、近世の支配領域が確定されるより先に旦那場が存在していたことが想定される。もっとも、このことはすでに『奈良の被差別民衆史』が大和で、高市光男が愛媛で、坂本啓司が鳥取で指摘していることではあるが。

このように、この史料は旦那場を考えるうえで、重要な問題を示唆している。以下、この二つの問題について、もう少しくわしく見ることにしよう。

まず、前者について見よう。先に見た、海津領主からかわや孫六へあてた慶長五年の文書には、部落の人びとが「牢番・細工」をする「扶持」として一把稲を取らせるとあった。しかしこれは、それ以前から存在していた一把稲慣行に、領主が「扶持」という意味付けをしたものと考えられる。

これに対して、前節で見た高野町牢守忠右衛門の返答書には、部落の側から「扶持」を貰いたいと検地奉行へ願った結果、一把稲が貰えるようになったとするとらえ方が示されていた。右に見た寛文六年の願書にも、役儀を務める代償として一把稲を貰っているというとらえ方が示されていた。このように、部落の人びとが一把稲を「扶持」「役料」ととらえていたことを示す史料は、ほかにもある。たとえば、更級郡塩崎村の部落の人びとが、賤民廃止令を受けて、堤敷の開墾許可を願い出た、次の史料にも「役料」とするとらえ方が見られる（塚田）。

恐れながら書付をもって御縋り願い仕り候

一、去る未（明治四年）の十二月中、我々ども平民になし下され候よう仰せ下され、一統有り難く御請け申し上げ候。然るところ、これまで御用向き相勤め、その役料として夏秋収納として籾取り集め来たり候ところ、当年はその儀相ならず、一統の者ども夫食に差し支え、必至と行き（立ち）がたく、ごくごく困窮に陥り候ゆえ、堤敷これを開き、矢代渡し船場下・小柳じきじき場所境まで下し置かれ候よう縋り願い上げ候。左候えば、粟・稗など植え付け、一統の者ども難渋相凌ぎ、その内開発仕りたく候間、御一同の御役人中様の御憐憫、前顕の趣聞こし召しわけられ、いくえにも御慈悲の御意仰ぎ奉り候。以上。

当所平民

明治五年　　和　蔵

五月日　　（以下八名略）

ここには、部落の人びとが「御用向」を務めてきた、その「役料」として一把稲を「取り集めて来た」とするとらえ方が示されている。その「御用向」がどのようなものかは記されていないが、旦那場にお

ける斃牛馬の処理や、見廻りなどをさしていることはいうまでもないであろう

右によって、領主と部落の人びとが一把稲を牢番などの役儀を務める「扶持」「役料」ととらえていたことが知られるが、村・町側でもそのようにとらえていたと見られる史料もある。その一つが、元禄一四年（一七〇一）正月付の次の史料である（尾崎）。

覚

一、牢屋三十年以前戌の年（寛文一〇年）、御預かり所御代官平岡次郎右衛門様、本牢・揚がり屋ともに御建てなられ候。その以後修復ござなく破損仕り候。牢守文九郎と申す者、牢御建てなられ候節村中より差し置き、扶持方の儀は下越村・入沢村・小海村旦那場にて、年々秋家別に籾三升ずつ□候て世渡り送り来たり申し候。もっとも家職の儀は菅笠・草履造り申し候。以上。

佐久郡下越村

名主　彦右衛門㊞

同　九右衛門㊞

元禄十四年正月

下越村の村役人が、文九郎へ一把稲を供与するのは牢守を務めていることに対する「扶持」ととらえていたことが知られる。ちなみに、下越村は幕府領であったが、下越村の部落の旦那場のうち入沢村が奥殿藩領であったことから、下越村の部落の人びとは奥殿藩領田野口村牢屋の牢番を務めていた。これによっても他領に旦那場をもっていることから、他領の牢番を務めたことが知られる。

また、正徳元年（一七一一）六月に、飯山町の庄屋・年寄が書き上げた「飯山町差出帳」には、次の一条がある（長野県史）。

一牢役もらひ申し候事、

畑所は	麦	夏中
田所は	籾	十一月中
町方ハ	銭	十二月中

ここには一把稲（町方では銭）が「牢役」の代償ととらえられていたことが示されている。ちなみに、この三条前には「一、牛馬万獣皮はぎ拵え」と記されていて、飯山町でも部落の人びとが斃牛馬や獣の処理と皮革細工をおこなっていたことが知られる。以上によって、村・町でも一把稲を、部落の人びとが牢番などの役儀を務める代償ととらえていたことが知られる。

このように、領主も部落の人びとも村・町の人びとも、一把稲を「扶持」「役料」ととらえていたが、これは妥当だろうか。後にくわしく見るように、旦那場・一把稲は近世以前から存在していたと考えられるし、右に見た寛文六年の佐久・小県郡内の部落の人びとの願書では、高井郡内の部落の人びとは一把稲は貰いながら役儀は務めていないとされていたから、一把稲を「扶持」「役料」とするとらえ方は妥当ではないと考えられる。

しかし、それならなぜ「扶持」「役料」ととらえたのだろうか。領主は、それまでに存在していた一把稲の慣行を、「扶持」「役料」として位置づけ直したと思われる。これに対して部落の人びとは、一把稲を貰う理由を説明するために「役儀の代償」ととらえ直したと思われる。村・町の人びとは、一把稲を供与する根拠を「役儀の代償」ととらえたと思われる（もっとも、村・町の人びとの多くは一把稲を、村・町を警備してもらう代償ととらえていたと思われるが）。

2　「ちょうり」が他領の役儀を務める場合
――領外の「ちょうり」が公役を負担する――

次に、その領内に旦那場を持っている者は、他領の者であってもその領内の牢番などの役儀を務めることになっていたことについて見てみよう。このことを早くに指摘したのは前述したように塚田であり、その後尾崎がこの問題の解明を進めた。同じころ、湯本軍一もこの問題に言及している。すなわち湯本は、中野天領の牢番について、「牢番を勤める穢多は、原則的には天領の村であるが、一部には飯山藩領の者もいた。原因はよくわからないが、一つには彼らが天領の村を旦中村としていたからだと考えられる」と述べている（湯本・尾崎らの研究を受けて、峯岸賢太郎もこの問題を検討している）。

信州以外では、高市光男・塚田孝がこのことを指摘していることはすでに見たが、尾崎の研究から信州の事例を具体的に見てみよう。

尾崎が掲げている、貞享元年（一六八四）に書かれたと推定される、田野口村に所在する牢屋に関する文書には、次の一条がある。

一、牢守の儀は、作右衛門祖父又右衛門と申す穢多、小諸より参り、牢守仕り候。牢番仕り候穢多

ども は、二万五千石の内にまかり有り申す穢多は申すに及ばず、小諸領にまかり有り申す穢多も、二万五千石に旦那持ち申し候穢多どもは、皆々寄り合い番仕り候。

これによれば、二万五千石の幕府領内に居住する部落の人びとだけでなく、幕府領内に旦那場を持っている小諸藩領の部落の人びとも田野口村の牢屋の番を務めなければならなかったことが知られる。ちなみに尾崎によれば、牢守は「牢屋近辺に居住し、その維持・管理にあたり、牢番勤務のものを指導・監督するとともに、仲間うちの『頭』役をも勤め」る存在であった。

また、元禄一四年（一七〇一）一〇月付の文書には、牢番のことが次のように述べられている（尾崎）。

（前文欠）

右の通り田野口村牢屋ならびに牢守家惣囲いともに絵図仕り差し上げ申し候。牢守扶持方の儀、前々より牢屋敷ならびに少しの田畑差し置きの地ござ候。その外に田野口・三分・上中込・太田部・上海瀬・余地・大日向・小海の内北相木、右村々より家一軒に一把ずつもらい申し候て世渡り仕り候。牢番の儀、御領内に旦那場持ち申し候えば、牢番相勤め申し候。以上。

元禄十四年巳十月

田野口村

名主　次郎左衛門

同　善　弥

（以下九名略）

奥殿藩領内に旦那場を持っていれば、牢番を務めたと記されている。これによっても、その領内に旦那場を持っていれば、その領内の牢番を務めなければならなかったことが知られる。なお、ここでも一把稲、すなわち「(旦那場) 村々より家一軒に一把ずつもらい申」すことが、「牢守扶持」ととらえられていたことが知られる。

このほか享保一三年（一七二八）に奥殿藩で死刑が執行されようとしたさいに、牢守作右衛門が願い出たことのなかにも、「牢舎の者ござ候わば、御領分に旦那場これあり候穢多どもの儀、御他領ともに一同組合にて、昼夜の番相勤め候儀先例」と記されている。ここでも旦那場を持っていることが牢番務めの根拠とされている。また、先に見たように、幕府領下越村の部落の人びとが奥殿藩の牢番を務めたのも、奥殿藩領内に旦那場を持っていたからであった。

このように尾崎によって、他領の部落の者であっても、その領内に旦那場を持っていれば、牢番を務めなければならなかったことが明らかにされたが、その後樋口和雄によって、飯山藩牢番役も同様だったことが明らかにされた。すなわち『飯山市誌』には、文化元年（一八〇四）の飯山牢番役が一覧表にして掲げられているが、そこに掲げられている「牢番えた」の村々のうち「牟礼宿」と「長沼（村）」は幕府領であって、飯山藩領ではない。牟礼宿・長沼村の部落の人びとが、飯山藩領に旦那場を持っていたことから飯山藩の牢番役を課せられたことになる。

また、私も先に掲げた寛文六年の佐久・小県郡内の部落の人びとの願書から、他領の部落の人びとが甲府徳川領の牢番などの役儀を務めていたことを指摘した（二〇〇一）。坂井康人は、塚田正朋が掲げている史料をもとに、塩崎旗本領と推測される部落の人びとが、上田藩領に旦那場を持っていたことから、上田藩の牢番を「藩領を越えて」務めていたことを指摘している（二〇〇二）。もっとも、このことはすでに塚田も指摘しているが。

以上によって、その領内に旦那場を持っている者に牢番役などの役儀が課せられたことは明らかであろう。いいかえれば、牢番役などの役儀は旦那場によって規定されていたといえる。その旦那場は領分を越えて存在していたから、論理的に領分とは別であり、時間的には、近世の領分が確定する以前から旦那場は存在していたと考えられる。このことから一把稲は、領主に対して牢番役などの役儀を務める代償として与えられたものではないと考えられる。それ以前からの関係が、代償と意識されるように変化したのだといえよう。

五　旦那場で担ったこと

それでは部落の人びとは、旦那場でどのような役割を担っていただろうか。第一部で掃除・警備・「敲」役・斃牛馬処理などを担っていたことを見たが、ほかにはどのようなことを担っていただろうか。

重複するものもあるが、尾崎は小諸の加増村の部落の人びとが担っていたこととして、見廻り（警備役）のほかに、「牢屋の番人」「御仕置」「犯罪者の捜索」「与良町口板橋掃除」「村方祭場・催物等監視」「祭りの太鼓持」「火消し」をあげ、このほか「犯罪人の護送・牢舎人の世話・死人の取片付け等」にもかかわっていたと推定している。ここにあげられていることには、領主から課せられた役、および小諸城下の部落であるという事情から生じた役目もふくまれているが（「与良町口板橋掃除」「祭りの太鼓持」などはそうであろう）、それを除けばおおむねほかの部落でも担っていたことと思われる。

このほか塚田があげているものに、市場の取締り、寺社などの掃除、さらには葬送、行き倒れ人の介抱・行き倒れ死人の処理などがある。このうち市場の取締りにかかわって「市場銭」と呼ばれるもの（市役銭・つりょう銭などとも呼ばれる）を徴収していたことを塚田が指摘している。この市場銭徴収の権利は、市場を取り締まることから生じたと一般的には考えられているが、大熊哲雄（一九九四）は野州佐野の「長吏小頭」太郎兵衛が、佐野犬伏町の「市神祭り」を執行していたこと、すなわち市場において「呪術的役割」を担っていたことを指摘している。元来は信州でも同様のことがあり、そこから市場銭徴収の権利が生じたのではないかと考えられる。

寺社などの掃除に関しては、第一部一章で見たが、部落の人びとは葬送においても、一定の役割（おそらく呪術的役割）を担っていたと思われる。明和七年（一七七〇）一一月付の「宇山村町離等無礼一件詫証文」によれば、部落の人びとは葬儀のさいに、「御葬礼道具」などを貰う「権利」を認められていた（長野県史）。葬儀において一定の役割を担っていたからだと考えられる。

以上に見てきたことから、旦那場を斃牛馬処理の場・範囲とのみ考えたり、警備役の場・範囲とのみ考えることは、旦那場を「狭く」理解することになると思われる。部落の人びとが旦那場で担っていたことは、斃牛馬処理あるいは警備役だけでなく、右に見たようなことをふくんでいたのだから、そうしたものとして旦那場を「広く」理解するべきだと思われる。なお、弾左衛門体制下では旦那場が、上場（勧進をする場）と下場（斃牛馬処理をする場）に分化したが、信州では斃牛馬処理権と勧進権とが分化した形跡はなく、明治まで旦那場は一体のものとして存続したように思われる（史料的制約があるから断言はできないが）。

六　旦那場の仕切り

1　旦那場は部落が仕切った

それでは旦那場は、誰が仕切ったのだろうか。前圭一や臼井寿光は、旦那場の範囲は「かわた」身分の人びとが自分たちで決めたとしている。藤沢靖介（二〇〇一）も、旦那場・職場・草場の境界をめぐる争いは、長吏・かわた集団の内部で解決され、領主権力も、本村（百姓）も牛馬の飼い主も介入できなかった。一言で表現すれば、斃牛馬処理は長吏の仕切りの下でそのすべてが運ばれたのである。

としている。ここでは斃牛馬処理を中心に述べられているが、旦那場を仕切るのが部落であったことは関西も関東も共通している。この点は信州も同様だったと思われる。

たとえば、天明八年（一七八八）一二月に、佐久郡八重原村長吏七之助倅七蔵とその親類から、同郡下之城村名主・惣役人・惣旦那へあてた、借金にあたってのいわば誓約書からそれが知られる（東御市渡辺善寿家文書）。誓約書を意訳すれば、次のようになろう。

八重原村の長吏七之助家は、先年より数代下之城村を旦那場として出入りしてきた。ところが七之助はだんだん困窮し、そのうえ五年前の天明三年に病死してしまった。そこで親類が財産を調べたところ借金がおびただしくあり、妻と幼年の倅七蔵（九歳）の生活を維持することができなかった。そのため仕方なく旦那場である下之城村を、小諸向町（加増村）常七へ天明四年より同八年までの五か年季で質入れした。したがって、この五年間は常七が下之城村へ出入りして、麦・稲を前々どおり頂戴してきた。今年がその五年目なので、今年常七から旦那場を請け戻さないと、下之城村は将来にわたって常七の旦那場となってしまう。そうなると、下之城村を代々旦那場としてきた七之助家の下之城村との縁が切れてしまう。これはなんとも残念であり、難儀至極なことなので、下之城村から借金をして、その金を常七へ渡し、七之助の倅七蔵へ旦那場を請け戻し、先祖と同様に出入りさせたいと、親類一同で下之城村へ願ったところ、「惣旦那様方」相談の上、別紙証文のとおり金子を拝借させてくださるということで、ありがたく思う。ことに明年の暮れには、無尽を開催して、その借金を返済できるようにしてくださるということで、重ね重ねの慈悲をありがたく思う。ついては、拝借した金子は来年中に元利とも無尽金で返済し、その後の無尽金掛け金は「旦那中様」よりくださる一把稲の収入で毎年命じられたとおりかならず払う。もし不足したときには、なんとしてでも都合し、決して約束を破ることはしない。なお、牢番は親類が助け合って務める。下之城村の御用は命令され次第かならず務める。その証文としてこれを提出する。

以上である。これによって旦那場は、質入れも請け戻しも、部落同士でおこなっていたこと、つまり部落が仕切っていたことが知られる。なお、その請け戻し金を旦那場である下之城村が七蔵へ貸していること、さらにその借金返済のために無尽を開催するとしていることからは、下之城村が常七よりも七蔵を旦那場の所有者として望んでいたことがうかがわれる。それにもかかわらず、下之城村が請け戻しに直接関与せず、七蔵へ金を貸すことによって請け戻させていることからも、旦那場は部落の仕切るものであり、旦那は所有権の移動に直接は介入できなかったといえよう。ちなみにその金額は、一三両であったことが次の証文からわかる（東御市渡辺善寿家文書）。

差し添え証文のこと

一、金十三両

右は、当村町離(長吏)七蔵儀、その御村方御出入りにつき、各様方格別の思し召しをもって、このたび七蔵へ御貸し付け下され候趣委細見届け、相違ござなく候。然る上は元利済ませ方の儀など、いよいよもって違反これあるべからず候。別して御厚志の御取り計らいにつき差し添え証文かくの如くにござ候。以上。

天明八戊申年

十二月

八重原村

名主　市　之　丞㊞

組頭惣代　与右衛門㊞

下之城村
御名主 善　兵　衛殿
御役人衆中

この証文は先の七蔵らの誓約書に、八重原村の村役人が差し添えた証文で、八重原村役人が下之城村役人へ七蔵の借金一三両を保証したものといえる。七蔵の借金に八重原村役人もかかわっていたのである。

このように、旦那場の質入れ・請け戻しは部落同士でおこなわれていた。これは後に見る質入れ・請け戻しの事例でも同様で、信州では近世を通じて旦那場が部落外へ質入れされることはなかったと思われる。いいかえれば、旦那場の個々の所有者が変わることはあっても、旦那場そのものは一貫して部落の所有であった。このことから旦那場は、信州でも部落が仕切るものだったといってよいであろう。

ただ、旦那場の仕切りに関して臼井寿光は、「その処理域内で皮多の誰がどのような関わりをするかも皮多村内の決定にかかる事柄であって、どのような意味でも平人はこれの決定過程に権限を有しない」と述べているが、「どのような意味でも」平人がかかわらなかったかどうかは検討の余地があろう。というのは、次の史料があるからである（斎藤一九九九）。

差し上げ申す証文のこと

一、御当地来る戌の二月まで、惣十に御貸し下さるべしと御意なられ、かたじけなく存じ奉り候。前々の儀はいかがござ候とも、この上の儀は惣十儀、旦那様方御下知少しもそむき申すか、またはあやしき者抱え申すか、御法度の宗門者抱え申すか、その外非人などに至るまで、一夜の宿なりとも仕らせられ申すまじく候。もし隠し置き、悪事仕出し申すにおいては、惣十儀は申すに及ばず、拙者どもいかようにも仰せ付けられ候とも、御恨み申すまじく候。後日のため一札差し上げ申す。以上。

高野町
次　郎　作㊞

延宝九年酉の十月日

原新田村
御旦那様中
参る

差出人の佐久郡高野町次郎作がどのような人物であるかは、今のところまったくわからないが、この地域の「長吏頭」的存在ではなかったかと推測される。この証文は、その次郎作が延宝九年（一六八一＝天和元年）一〇月付で、同郡原新田村（＝五郎兵衛新田村）の「御旦那様中」へ提出したものである。

ここで注目されるのは冒頭の、「御当地来る戌の二月まで、惣十に御貸し下さるべしと御意なられ、かたじけなく存じ奉り候」という文言である。これによれば、惣十（原新田村の隣村である矢島村の「長吏」）へ原新田村を五か月間、旦那場として貸すとしたのは、原新田村の「旦那」になるからである（この文書はそれをふまえて、「長吏頭」と目される次郎作が、惣十のいわば身元保証をしたもの）。そうだとすれば、誰の旦那場とするかには、旦那側の意向も働いていたことになろう。したがって、旦那場は部落が「一方的に」決めたということにはならないのではないだろうか。いまのところこの史料しかなく、前後のことなどがまったくわからないから（たとえば、旦那場として貸す期間が五か月とされているのはなぜか、など）、断言することは控えなければならないが、基本的には部落が誰の旦那場とするか決定したとしても、旦那側の意向をまったく無視することはできなかったのではないかと思われる。

ちなみに大熊哲雄（一九九六）は、「百姓や領主の力でもって、旦那場の所有者を変えようとする動き」があり、明和七年（一七七〇）に上州吾妻郡内で実際それが実行されたことを紹介している。また尾崎は、慶応三年（一八六七）三月の記録に、死亡した宗八の名跡として宗八の旦那場を継承した者が、旦那場である佐久郡布下村を訪問し、「これまでの通り何分御願い申し上げ奉り候と申」したとあること、いわばあいさつに行ったことをあげ、「村方にも相当強力な発言権があ」ったと指摘している。この二つの事例は、旦那側にも旦那場に介入する力があったことを示している。もっとも、部落と旦那との関係が近世を通じて変化したことも考えなければならないと思われるが。

2　軒数で数える旦那場

旦那場は、たとえば川や尾根などを境界として区切られた一定の範囲だった（前述したように、それを絵図面にしたものもある）。これが、旦那場のもともとの区切り方だったと考えられる。しかし近世には、何村は誰の旦那場というように村名で表示されているものもある。これは旦那場において、村が占めるウエイトが大きくなってきたことを示しているのではないかと思われる。

このような表示の仕方のほかに、信州には旦那場を軒数で表示したり、石高で表示したものがある。まず、軒数で表示した事例を紹介しよう。寛政一二年（一八〇〇）九月一〇日付の「高井郡高井野村穢多旦那場軒数書上」には、次のように記されている(長野県史)。

恐れながら御尋ねにつき書き上げ奉り候

一、御旦家九十二軒　　穢多 彦　市㊞
　内
　七十二軒　久保組にて
　二十二軒　堀之内組にて

一、御旦家百四軒　　久次郎こと 幸右衛門㊞
　内
　二十四軒　堀之内組
　八十軒　（水沢組 中善組にて）

一、御旦家三十六軒　　金　三　郎［印］
　内

二十一軒　　新井原組

十五軒　　二ツ石組

外に当時買い入れ
一、御旦家十七軒　　下赤和組　　同　人[印]

同断
一、同　十五軒　　上赤(和)組　　同　人[印]

小以六十八軒

一、御旦家二十八軒　　新井原組にて　　五右衛門[印]

一、同断　二十四軒　　上赤和組にて　　庄　吉[印]

一、同　三十八軒　　新井原組にて　　弥右衛門㊞

一、同　四十二軒　　団　六㊞

内

十七軒　　新井原組にて

二十五軒　　黒部村にて

一、御旦家三十七軒　　紫組にて　　宗　吉㊞

一、同断　二十一軒　　紫組にて　　同人倅別家 吉左衛門㊞

一、同断　三十四軒　　下赤和組にて　　孫右衛門㊞

一、同断　二十七軒　　権　作㊞

内

十八軒　　千本松組にて

九　軒　　四ツ屋にて

右はこのたび私ども御旦家軒数御尋ねにつき、書き上げ奉り候ところ、少しも相違ござなく候。以上。

寛政十二年申九月十日

御役元様

「御役元様」（村役人か）から「御旦家軒数」を尋ねられた部落の人びとが書き上げたもので、右のように各人の旦那場が軒数で表示されている。なお、右の記述からは買い入れた旦那場（旦家）があったことも知られる。また、別家によって旦那場が分割されたことも推測される。

もう一つ、安永五年（一七七六）に更級郡塩崎村の角間部落から松伏川除新堤の番人として松伏地籍へ引っ越した弥次兵衛が、そのことを後代のために書き残した文書の一節には、次のように記されている（塚田）。

場面覚

一上御領分堺　　旦中　百軒程

下釜科迄

ここでも「旦中」（旦那場）が「百軒程」と軒数で表示されている。

このほか、旦那場の売買のさいに軒数で表示したものもある。『小布施町の歴史と民俗』には、「中条村に文久二年（一八六二）の『前々ヨリ諸奉加覚帳』という帳面がある。そのなかに、えた旦那場の売買の記事がある」として、次のように述べている。

当村えた又蔵の先祖が先年、雁田のえた平蔵方へ自分の旦那場を質流ししたので慶応二年（一八六六）に金二両二分で半分受け返した。字畠中全部と字中村まで合計一〇軒である。そのほかに中村の残りと字町村合計一〇軒ある。それを翌年金五両で受け返したが、金二両は又蔵が出し、三両は村中で出した。念のために書き記しておく。

質入れ・受け返しのさいに、旦那場が軒数で表示されている。

次に、旦那場を石高で表示した事例であるが、元治元年（一八六四）一一月付の「水内郡北長池村穢多檀那場永代売渡証文」で、次のとおりである（長野県史）。

永代売り渡し申す御檀家の事

一、北堀村御檀家様　　但し　御高三百五十一石九斗四升四合

右は我等所持の御檀那場にこれあり候ところ、このたび代金十九両にて貴殿へ売り渡し、金子たしかに受け取り申すところ実正なり。然る上は以来御高がかりの御牢番役は申すに及ばず、諸役貴殿方にて相勤めならるべく候。右御檀家につき横合よりかれこれ難渋申す者ござ候わば、我等何方までもまかり出できっと埒明け、貴殿へ少しも御苦労かけ申すまじく候。これによって加判致し後証となす。よってくだんの如し。

元治元年
十一月

北長池村
売主　弥　作㊞
同村
受け人　栄　吉㊞
同村
親類　今朝五郎㊞

南堀村
買い主　七　三　郎殿

旦那場の売り渡しにあたって、旦那場が石高で表示されている。ただし、石高で表示された史料は、いまのところこの一点しか見出していない。

このように旦那場が、軒数や石高で表示されているが、これはどのように考えたらよいだろうか。これまで見てきたように信州の部落の場合、一把稲による収入に依存する度合いが大きかった。その場合、軒数や石高のほうが、旦那場の規模が表示しやすかったからではないだろうか。すなわち、一把稲は軒並み供与されるものだったから、軒数がわかればそこからえられる一把稲の量もおよその見当がつくはずである。石高表示も同様で、石高がわかればそこからどのくらいの一把稲がえられるか見当がついたと思われる。ちなみに、寺の規模（大寺・小寺）も檀家数によっておよそ見当がつくと聞いたことがある。これと同様のことではないだろうか。

では、なぜ軒数や石高の表示が用いられたのだろうか。右にあげた事例に、旦那場の売買・質入れが多かったことから、その理由がうかがわれよう。すなわち、旦那場の売買・質入れにあたっては、その規模を正確に表示する必要があったからではないだろうか。そうだとすれば、相続のさいにも軒数・石高表示が用いられたと思われる。

ちなみに、旦那場が売買・質入れの対象とされたことは、前述したようにすでに尾崎が指摘しており、右の『小布施町の歴史と民俗』にも述べられていたが、『佐久市志』にも一例紹介されている。次のとおりである。

この旦那場は売買の対象にもなった。天保六年（一八三五）に中村の彦十は借金返済のため、旦那場を他のえたに質入れしたところ、この請けだしができず困却したため、やむなく村から六両を用立ててもらい、ようやく旦那場を取り戻している。

ところで、拙稿「信州の近世部落の旦那場」において、塚田の指摘にしたがい、信州には「一村よりちいさい旦那場があった」と述べた。その根拠としたのは、右の高井野村や『小布施町の歴史と民俗』に紹介されている中条村の事例であった。すなわち高井野村では、組単位ぐらいに旦那場が分割されており、中条村では字単位ぐらいに旦那場が分割されていたと考えた。これに対して藤沢靖介から「共有の旦那場が分割された結果、一村より小さい単位が生まれたのではないか」という疑問が寄せられた。そのように見ると、高井野村の事例は、高井野村の部落の人びとが旦那場を共同所有し、それを分担して管轄していたことを示しているとも考えられる。中条村の事例も、字単位に旦那場が分割されたのではなく、旦那場を管轄する人が変わっただけとも考えられる。したがって、この二つの事例から直ちに「一村よりちいさい旦那場があった」ということはできないので、前言は保留にしておきたい。

なお、樋口和雄によれば、飯山藩と中野天領の部落の人びとの旦那場は、一村から数か村が多い。ただし、なかには十数か村、さらには三〇近い町村を旦那場としている部落もあるが、その数は少ない（東日本部落解放研究所・第一八回研究者集会「歴史」分科会資料）。また、東信地方では先に見たように、上丸子村の長吏彦八は八重原村ほか五か村を旦那場としていた。長窪新町の部落の人びとは、長窪新町・長窪古町・大門村の三か村を旦那場としていた。信州では、一村から数か村を旦那場とする部落が多かったと思われる。ただし、これは相続や売買によって次第に分割された結果であって（先に見た移住＝枝分かれの場合も、旦那場が分割されたと考えられる）、もともとの旦那場はもっと広かったのではないかと推測される。

七　旦那場（一把稲）はどこから

それでは、旦那場はどのように形成されたのだろうか。旦那場住民は、一把稲を軒並み供与することにどうして同意したのだろうか。

旦那場が近世以前に形成されたものであることは、すでに三浦圭一・臼井寿光・横田冬彦・『奈良の被差別民衆史』などが指摘している。このうち三浦は、右の横田の整理によれば、「草場」の性格を、和泉国日根郡で展開していた麹の販売権域である「売場」と同じく、「垣内集落ないし惣村の共同体的諸関係を基礎とする分業流通、およびその上に立つ惣村連合の分業流通として明らかにした」という。また横田自身は、「〈草場〉は、このような垣内集落から惣村・惣郷（庄）といった百姓らの結集のありかたに対応して、それと密接に結び付く形で成立していたのである」と述べている。臼井も、「(斃牛馬）処理の領域分けは郷庄域という歴史的枠組みに規制されるとはいえ」と述べているから、郷庄とのかかわりを想定しているといえる。以上の三人は、中世の惣村・惣郷（庄）とのかかわりで旦那場の形成を考えているといえよう。

一方、『奈良の被差別民衆史』は、大和の草場が広範囲におよんでいたことを指摘した後、このように、草場の範囲は個々の領主の支配領域とはまったく無関係に、村境や郡境、時には国境までも越えて存在していたのであり、当然それを近世初頭の領主や奈良奉行が設定することは不可能である。少なくとも大和においては、戦国期までに形成された草場の範囲が近世においてもなお継続して存在していたと考えることが妥当であろう。とすれば、中世後期に大和のみならず南山城にまでおよぶ草場の設定を保障することが可能な主体を想定することが必要になるのだが、それは興福寺以外には考えられないだろう。中世編で見たように、南北朝時代以降の興福寺は被差別民の組織化を積極的に進めようとしていたが、そのような興福寺の動向のなかに大和の草場の形成を位置づけなければならないと考えているが、今のところ確かな史料はなく今後に残された大きな課題である。

と述べている。ここでは、草場がどのように形成されたかは述べられていないが、「戦国期までに形成された草場」を「保障することが可能な主体」として興福寺が想定されていることが注目される。

というのは、泉州南王子村は二三〇か村余におよぶ広い草場をもっていたことで知られているが、『ある被差別部落の歴史』によれば、その根拠として「『往古より泉州五社大明神（大鳥・穴師・聖・積川・日根神社）の例年春の革祭の神事荘厳方役儀を相勤め、これにより国中の二百三十カ村が獣類死体請場』であった」と述べている史料があるからである。この史料がどこまで信用できるかは検討の余地があるが、五社大明神の一つである聖神社と南王子村が密接なかかわりをもっていたことはまちがいないから、この史料を全面的に否定することはできないと思われる。この聖神社と南王子村とのかかわりについて、『ある被差別部落の歴史』は次のように述べている。

南王子村と大明神社（聖神社のこと―斎藤注）との間に、往古から深い関係があったことは疑いのないところであろう。それは毎年、この社において二月一〇日に革祭の神事があり、弓射が催されるさいに、この村から牛皮の的を献納し、矢使いをする恒例があり、七月二八日に神前で角力が奉納されるときにも、土俵・土段を築く作業に奉仕し、八月一五日の祭礼には、御輿渡御の道筋を修復・清掃するなど、神社に対する労役がのちのちまで、恒例として守りつづけられていたことによってても認めることができる。

こうしたかかわりから、矢使いをする者（七人）は、「神主の末席にて御神酒頂戴」したと述べている史料がある。すなわち「右箭採《やとり》の者ども毎年二月十日神式相済み候うえ、神前において禰宜・神主の末席にて御神酒頂戴いたし候例格」と述べている（『大阪府南王子村文書』）。南王子村の人びとが聖神社と密接なかかわりをもっていたことはまちがいない。

以上を前提に信州について見ると、井原今朝男「中世東国における非人と民間儀礼」が注目される。そこで井原は、「少なくとも室町時代にはすでに諏訪社祭礼の用途を、『四把稲』とか『一升米』などと称して、郷村から徴収する慣行が存在し、それが『田役』と競合しあい文明年間以後衰頽し、祭礼も中絶していたこと、そうした慣行が、武田信玄の祭礼再興とともに再び社会的政治的に再編成され復活してきたことは明らかであろう」と述べている。また、天正四年（一五七六）に武田勝頼が佐久龍雲寺に発した文書に「二把役」とあることをあげ、「武田氏の領国内に『二把役』が存在していたことは明らかである」とも述べている。さらに、「一把、二把と数えられる『役』の存在は、関東の後北条氏領でも『三把　役綿』（斎藤文書・『埼玉県史資料編六』・七三八号）と見え、武田領国にのみ固有なものではない」と指摘している。そのうえで、天明七年（一七八七）の「善光寺穢多御詮(議)儀覚」に「善光寺川原崎穢多どもの儀は、御領分村方の内、三把稲と号し、毎年田畑沖崎にて束稲取（る）」とあることをあげ、こうしたことは「近世部落史における『壱把稲』『三把役』『壱升米』などを考える際、無視しえない事実と言えよう」と指摘している。

それだけでなく、戦国期の祭礼に「諏訪郡の長吏」が現れ、「神使の食物を負担した」こと、「御狩神事でも長吏らが参加している」ことも指摘している。この「諏訪郡の長吏」が「近世部落の長吏と同一か否かを判断するには、あまりに史料が少なすぎる」と、近世部落の長吏との関連については判断を保留しているが、井原によって明らかにされたこれらの事実は、旦那場（一把稲）について考えるうえでも重要であろう。

しかし、信州の近世以前の長吏に関する本格的な研究は、この井原の研究しかなく、これ以上のことはわからない。したがって、旦那場（一把稲）に関しても不明というしかないが、信州における旦那場（一把稲）の形成も近世以前にさかのぼること、いいかえれば旦那場（一把稲）は近世の政治権力が設定したものではないこと、一把稲が供与されることになった背景には長吏と寺社との深いかかわりがあったこと、を想定することは許されるであろう。

このことから長吏は旦那場において、旦那場住民とは異なる分野（おそらくは宗教的・呪術的分野）・異なるやり方で、旦那場をささえてきたといえるのではないだろうか。いいかえれば長吏も地域社会の一員として、社会的分業の一翼を担っており、それによって地域の再生産が可能になっている（「穢れ」が払われ、治安が維持され、米・麦が収穫されるなど）、そういう了解があって一把稲が供与されることになったのではないだろうか。そうでなければ前章で述べたように、旦那場住民が軒並み異議なく数百年にもわたって一把稲を供与しつづけた事実は説明できないと思われる。少なくとも一把稲が、旦那場住民から一方的に施しとして与えられたものでもなければ、近世の政治権力による強制によって与えられたものでもないことは明らかだと思われる。

これは推測だが、一把稲は初穂のようなものだったのではないかと、私は見ている。初穂を神仏にささげるのは、神仏の加護があって今年も収穫を迎えることができたという感謝の気持からだと思われるが、一把稲もそれと同じようなものだったのではないだろうか。つまり、自分たちだけでなく部落の人びとの働きもあって今年も収穫を迎えることができたという感謝の気持ちから一把稲が供与されることになったのではないかと考えているのだが、今後さらに追究したい。

八　信州の旦那場

前章で見たように、信州では旦那場から供与されるいわゆる一把稲が、部落の人びとの生計で大きなウエイトを占めていた。この章では、その旦那場の具体的なあり方と特徴を明らかにすることを課題としたが、課題を十分に達成することはできなかった。本章で検討した要点をまとめて、今後を期したい。

信州では旦那場とは、基本的には一把稲を徴収できる（貰える）権利の範囲と意識されてきた。その旦那場における部落の存在意義は、斃牛馬処理よりは見廻り・警備役にあったと見られる。ただし、こうしたあり方は信州だけの特徴ではなく、土佐藩でも同様だったと思われる（秋沢繁一九八〇）。牢番役を務める範囲も旦那場で規定されていた。その旦那場は近世の支配領分を越えて存在していた。したがって旦那場は、近世の支配領分とは別次元で形成されたものであり、時間的にも近世の支配領分より先行して形成されたと考えられる。

部落の人びとは旦那場において、斃牛馬処理、警備役のほかにもいくつかの独自な役割を担っていた。

したがって、一把稲は近世の政治権力から牢番などの役儀を務める代償として与えられたものではなかった（追認されることはあったとしても）。また、旦那（村・町）から一方的に施しとして与えられたものでもなかった。部落の人びとが、旦那場において独自の役割を担っていることへの供与（応分の取り分）として、与えられたものと考えられる。このことから斃牛馬処理も、捨てる―拾う（取得する）という関係ではなく、斃牛馬は部落でなければ処理できないものとして与えられたものと考えられる。

旦那場の範囲は、基本的には部落で決めたと考えられるが、旦那場が村・町との関係で形成されたことから、一方的に決めたのではなく、村・町側の一定の関与はあったと思われる。

旦那場は、元来は部落の共同所有だったと推測される。しかし、実際の旦那場廻りは分担されていたはずで、それが次第に固定化され、個々の成員の権利に変化していったのではないか。それがさらに相続や売買によって分割されていったと思われる。

信州には、旦那場を軒数や石高で表示したものがあるが、これは財産価値となった旦那場の規模をより正確に表示する方法だったと考えられる。

旦那場は、近世後期には売買されることが多くなったが、部落以外に売買されることは原則としてなかった。なお、弾左衛門体制下では旦那場が「上場」（勧進する場）と「下場」（斃牛馬を処理する場）とに分化し、売買されたが、信州では明治四年（一八七一）の賤民廃止令まで、斃牛馬処理権と勧進権とが分化することもなければ、解体する傾向もなかったと考えられる。このことは部落の人びとが、賤民廃止令後も旦那場出入りの継続を望んだり、実際に継続していたことから推測できる。

結びにかえて　——これから考えたいこと——

信州の近世部落の人びとが担った役割のいくつかと、生活にかかわることがらのいくつかについて見てきた。検討が不十分なところはあるが、部落の人びとも地域社会に不可欠な役割を担ってきたこと、少なくともその一端は明らかにすることができたのではないかと思われる。

とはいえ、まだまだ考えなければならないことは多い。これから考えなければならないと思っている二、三を述べて、結びにかえたい。

一つは、部落の人びとの経済力はどの程度だったのか、ということである。たとえば、天保五年（一八三四）二月に小県郡下原村の村役人が、同村の部落の人びと四軒二五人の救助を領主へ願い出た願書の冒頭には、次のように記されている（長野県史）。

> 右、当村穢多ども儀は、平年とても極難にてようやく一命を送りまかりあり候ところ、去る巳年（天保四年）の儀は、一統の違作に候えば、彼ら役料の一把取りの稲、二分・一分・皆無稲にて難渋仕り、すでに飢命におよび候ほどの者どももこれあり候あいだ、御救いくださるべきと、私どもまで度々申し出で候につき（以下略）

下原村部落の人びとは平常から「極難」であったが、そこへ天保四年の凶作が追い打ちをかけ、命にもかかわる事態になっていたことが知られる。右では省略したが、右の引用文の後には、部落の人びとの草履・草鞋などの「手業」にかかわって、「あまり細工出精いたし候ゆえ、手の指より血出し」とも記されている。つまり、手の指から血を流しながら、草履・草鞋作りに精を出して働いているが、それでも生活がなりたたないというのである。部落の人びとの生活がきびしかったことが知られる。ただ、ここで注目したいのは、右の引用文の「平年とても極難」という文言である。これによれば下原村部落の人びとは、平常でもごく貧しかったことになる。

他方、第二部二章で見たように、諏訪郡川岸村部落一一軒の人びとは、明治時代に入ってからのことではあるが、三五軒の村人との裁判闘争において、松本地方裁判所で敗訴し、東京上等裁判所でも敗訴したが、それにめげず代言人を立てて大審院で争い、最後に勝訴している。このようなたたかいを遂行することができたのは、なによりも部落の人びとの反差別の思いが強かったからだと思われるが、それだけでなく、相応の経済力もあったからだと思われる。経済力がなければ、代言人を雇い、東京での裁判をつづけることはできなかったはずだからである。

このように部落の人びとは貧しかったとする史料と、相応の経済力があったことをうかがわせる史料の両方がある。個々には貧しかった部落もあるだろうし、豊かだった部落もあると思われ、部落は貧しかった、いや豊かだったとどちらかに決める必要などまったくないが、全体として見たときに部落の人びとの経済力はどの程度だったかということは知りたいと思う。部落差別のとらえ方にかかわると思われるからである。

二つは、部落差別とはどのようなものか、ということである。明治四二年（一九〇九）四月発行の『趣味』という文芸雑誌に「『破戒』後日譚」と題された文章が掲載されている。「唖峰生」という人を食ったようなペンネームが使われているが、国文学者高野辰之のペンネームである。高野は、文部省唱歌「故郷」「朧月夜」「紅葉」などの作詞者として知られている。ちなみに猪瀬直樹『ふるさとを創った男』は、この高野のことを述べた本である。

その高野がなぜ「『破戒』後日譚」という文章を書いたか。高野は、明治九年下水内郡永田村（現中野市）の生まれで、明治三一年に飯山町（現飯山市）にある真宗寺の二女と結婚した。真宗寺といえば、明治三九年に発行された島崎藤村の小説『破戒』で、主人公瀬川丑松が下宿した蓮華寺のモデルとされた寺だが、それだけでなく蓮華寺の住職は、養女志保（丑松と恋仲になる）にまで手を出そうとしたいかがわしい人物として描かれている。

これは小説でのことで、真宗寺の住職がいかがわしい人物だというわけではないが、高野は義父がいかにもいかがわしい人物のように描かれたと受けとめた。また、義母の描かれ方も実際とは異なると思った。こうしたことから、作者である藤村へ抗議するために「『破戒』後日譚」を書いたのだった。

ではそこで、どのようなことを述べているか。「此の寺の一部の様子は『破戒』にある通りだ。しかしそれは叙景や叙物のことで、人間はまるで違ふ」と述べている。「人間はまるで違ふ」というところに、この文章の執筆意図が示されている。

その例として、真宗寺ではたしかに中学や小学の教員などを下宿させている。その真宗寺の「坊守《ぼうもり》即ち奥様」（高野はこの文章で、自分がこの寺の娘婿であることを伏せている）は「極く世話好きで、自分の家族同前（然）に下宿人の世話をする人」だと述べた後、「けれども如何に世話好（ママ）だ所で、長吏即ち穢多を迄下宿させる様な人ではない」と断言している。いくら「世話好き」な人であっても、部落の人を下宿させるような人ではない、というのである。だから、蓮華寺と真宗寺は違うし、住職とその妻も「人間はまるで違ふ」というわけだが、この記述から高野らが当時、被差別部落の人びとをどのように遇していたかを知ることができる。

それだけではない。これにつづけて、次のように述べている。

　そも〳〵飯山地方の穢多を忌むことの甚しいことは「破戒」にもある通りだ。決して同席もしないし言語をも交へようともしない。

『破戒』には、すさまじい部落差別がおこなわれていたことが描かれているが、それは事実で、飯山地方では被差別部落の人びとと同席もしなければ、言葉を交わそうともしないというのである。そしてこの後に、瀬川丑松のモデルと目されている大江儀吉が、明治二五年に下水内教育会の講師として招かれて飯山町へきたさいに、宿舎となった光蓮寺へだれからか大江が「穢多だ」ということが伝えられたところ（ただし、大江の家は「穢多」身分の家ではなく、芸能民系の被差別民の家だった）、光蓮寺は「さあ大変だ」とさっそく大江を追い出し、「畳の表換《おもてがえ》をする、塩を蒔く、まるで伝染病の消毒宜しくといふ騒ぎであった」と述べられている（以上は、東栄蔵『大江儀吉とその時代』による。なお、井出孫六『保科五無斎』もこのことに言及している)。

明治末年にいたってもすさまじい部落差別がおこなわれていたことが知られる。それだけでなく、現在でも多くの日本人に愛唱されている「故郷」「紅葉」「朧月夜」などの作詞者である高野が、部落差別を当然のこととしていたことも知られる。こうした事実を知ると暗澹とした思いにさせられる。ただし、これは高野が特別に差別的な人物だったことを意味するものではなく、これが当時のいわば「常識」だったと思われる。右のような文章が雑誌に掲載され公表されていることからも、そう考えられる。ちなみに、猪瀬『ふるさとを創った男』によれば、この文章が掲載された『趣味』という雑誌は、「(田山)花袋をはじめ、與謝野晶子、小山内薫、小川未明、蒲原有明など、文壇の著名人たちが筆者として名を連ねていた」という。

ただし、猪瀬も同書で「『破戒』後日譚」に言及しているが、ここに掲げた部落差別にかかわる部分にはふれていない。これにふれなかったら、高野という人物をまるごととらえたことにはならないのではないかということを指摘しておきたい。

このように明治末年にいたってもすさまじい部落差別が見られた。これも考えなければならないことだが、これから考えたいと思っているのはこのことではない。高野が述べるように、部落差別は「部落の人びとと同席もしなければ、言葉を交わそうともしない」こと、つまり部落の人びとを「忌避」「排除」することだと多くの人に考えられていると思われるが(意識としてはそのとおりだと思われるが)、これを文字通りに受け取ると、実際とは異なるのではないかということである。なぜなら、すでに見たように部落の人びとは自ら希望して他村へ引っ越すことができたが、それが実現するまでには当然何度も村人と「言葉を交わ」したと思われるからである。いや、そもそも「言葉を交わ」さずに村・町の警備を担ってもらうことはできなかったはずである。それどころか、八重原村部落の七蔵へ旦那場を請け戻させるために下之城村の村民が金を貸した事実そのためにわざわざ無尽を開催していることからは、両者のあいだに交流があったことさえうかがわれる。

このほか、次のような事実もある。寛保三年（一七四三）六月のこと、上田藩の役人が町へ出て、角の穀屋十兵衛の店にいたところ、役人からよく見える左五兵衛の店へ「穢多」がやってきて腰掛け、木綿（商品であろう）を見ていたが、そのうち「穢多」は「横になり、手代などへも挨拶」したというのである（長野県史）。「横になり」というのは、腰掛けていた人が肘でもついて横になったということであろうか。どのような姿勢かよくわからないが、かなりくだけた姿勢であることはまちがいないであろう。つまり、部落の人が店へやってきて腰掛けて木綿を見ていただけでなく、かなりくだけた姿勢で店の人と話していたことになる。これが上田藩役人によって見とがめられるのだが、この部落の人と店の人とのやりとりは、「同席もしなければ、言葉を交わそうともしない」というのとは大いに異なるといえよう。

また、山本英二が紹介した松本藩大町組長吏組頭の「永代留書帳」によれば、文政四年（一八二一）八月二一日に、長吏組頭又四郎とその子又次郎は、大町村の大社である若一王子大権現の神前へ、家内安全のため、一尺三寸（約三九ｾﾝ）の鉄輪の太鼓を一つ献納した。これに対して神主をはじめ、世話役

（氏子総代のようなものか）の伊八ほか社内の人びとが立ち会い、拝殿で神酒・吸い物などを振る舞われ、そのうえで神主が祈禱をして、太鼓の打ち始めがおこなわれた。そして、又四郎家の家内安全を毎朝祈るといわれた、という。ここでの部落の人びとの扱いも、「同席もしなければ、言葉を交わそうともしない」というのとは大いに異なるといえよう。

このように部落差別を、「同席もしなければ、言葉を交わそうともしない」ことと考えると、実際の場面ではそれとは異なることが随所に見られる。では、部落差別はなかったかといえば、それはいえない。すでに見たように、居住地や婚姻などに関してきびしい差別があったからである。時代的な変化も考慮しなければならないかも知れないが、日常的にはある程度ふつうにつきあっていた面と、一方できびしく一線を画していた面とがあるように思われる。これは一体どういうことだろうか。どうしてこういうことができるのであろうか。このことからあらためて、部落差別とはどのようなものかということを考えなければならないと思っている。

三つは、部落の人びととの歴史を解明することも大事なことだが、部落差別という観点からは、部落ではない武士・百姓・町人らが、なぜ部落の人びとを差別したのか、なぜ差別を当然のこととして維持してきたのかということを、調べ考えることが大事ではないかということである。いいかえれば差別は、武士・百姓・町人らと部落の人びととの関係から生じるのだから、その関係を調べ考えなければならないということである。ただし、差別意識・観念だけでなく、それをささえる法・制度・社会構造なども考えなければならないことはいうまでもない。

他方で、部落の人びとはそれにどう対処したか、とくに差別とどうたたかったかということも調べ考えなければならない。

これらを今後考えたいと思っている。

引用・参考文献

青木孝寿　一九八〇「南信濃地方における前近代部落史の研究」『長野県短期大学紀要』第三四号
青木孝寿　一九八二『近代部落史の研究――長野県の具体像――』部落問題研究所出版部
秋澤　繁　一九八〇「土佐藩の郷株について」（『高知市民図書館報・別冊　平尾道雄追悼記念論文集』高知市民図書館）
朝治　武　二〇〇〇「明治維新期における部落の意識と行動」（新井勝紘編『民衆運動史4　近代移行期の民衆像』青木書店）
阿部謹也　一九七八『刑吏の社会史』中公新書
飯山市誌編纂専門委員会編　一九九三『飯山市誌　歴史編　上』飯山市誌編纂委員会
井ケ田良治　二〇〇二『日本法社会史を拓く』部落問題研究所
池田秀一　一九九二「職場日割帳についての一考察――『下野国太郎兵衛文書』から――」（東日本部落解放研究所編『東日本の近世部落の具体像』明石書店）
石井　進　一九九六「中世都市鎌倉の構造」『解放研究』第一〇号、東日本部落解放研究所
市川包雄　一九九四「三之助・源七・円蔵――無宿者を取り押さえた三人――」『信州農村開発史研究所報』第五〇号、信州農村開発史研究所
井出孫六　一九八八『保科五無斎――石の狩人――』リブロポート

猪瀬直樹　一九九〇　『ふるさとを創った男』日本放送出版協会
井原今朝男　一九八七　「中世東国における非人と民間儀礼」『部落問題研究』第九二号、部落問題研究所（のち井原『中世のいくさ・祭り・外国との交わり――農村生活史の断面』校倉書房、一九九六に収録）
上杉　聰　一九九〇　『明治維新と賤民廃止令』解放出版社
上田市史編さん委員会編　二〇〇二　『上田市誌　近現代編(9)　人権の確立と女性の歩み』上田市
上野　茂　一九九六　「神社祭祀と部落」（上野　茂編『被差別民の精神世界』明石書店）
臼井寿光　一九八四　『兵庫の部落史　第二巻』神戸新聞出版センター
大熊哲雄　一九九六　「関東における旦那場」（全国部落史研究交流会編『部落史における東西』解放出版社）
大熊哲雄　一九九四　「長吏と市の関わりについて」（東日本部落解放研究所編『東日本の近世部落の生業と役割』明石書店）
大平喜間多編　一九二九　『松代町史　下巻』松代町役場（臨川書店、一九八六復刻）
奥田家文書研究会編　一九七一　『奥田家文書　第五巻』大阪府同和事業促進協議会
尾崎行也　一九八二　『信州被差別部落の史的研究』柏書房
尾崎行也　一九八三　「佐久における近世部落の史的研究」『水と村の歴史』創刊号、信州農村開発史研究所
尾崎行也　一九八四　「信濃国上田領かわた関係文書」『水と村の歴史』第二号、信州農村開発史研究所
尾崎行也・望月町教育委員会　一九八八　「宗門改帳にみる部落」『望月の町民の歴史』第一二集、望月町教育委員会
落合重信　一九九二　『近世部落の中世起源』明石書店

川上村誌刊行会編　一九九〇『川上村誌　資料編　御所平林野保護組合文書　上』川上村誌刊行会
川嶋將生　一九九九『「洛中洛外」の社会史』思文閣出版
川元祥一　一九九三「再生の小宇宙――祭礼における〈浄め〉の両義性」『東京部落解放研究』第八二号、東京部落解放研究会
黒田弘子　一九八五「戦国～近世初期の賤民と祭礼――紀伊国鞆淵八幡宮遷宮史料――」『歴史評論』第四二六号、歴史科学協議会
国史大辞典編集委員会編　一九八八『国史大辞典　第九巻』吉川弘文館
小丸俊雄　一九七八「相模国に於ける近世賤民社会の構造」（初出は一九六八）、「相州に於ける近世未解放部落の経済」（初出は一九六九）（石井良助編『近世関東の被差別部落』明石書店）
後藤正人　一九九五「第九章　信濃国の草場訴訟史」（後藤正人『土地所有と身分――近世の法と裁判――』法律文化社）
小林計一郎　一九六九『長野市史考』吉川弘文館
小林　茂ほか編　一九八五『部落史用語辞典』柏書房
埼玉県同和教育研究協議会編　一九七八『鈴木家文書　第三巻』埼玉県同和教育研究協議会
斎藤洋一　一九八七『五郎兵衛新田と被差別部落』三一書房
斎藤洋一　一九九一「平原村の『長吏』は『旦那寺』がなかった」『信州農村開発史研究所報』第三五号、信州農村開発史研究所
斎藤洋一　一九九三「『敲役』は『御足軽』」『信州農村開発史研究所報』第四三号、信州農村開発史研究所

斎藤洋一・大石慎三郎　一九九五　『新書江戸時代② 身分差別社会の真実』講談社現代新書
斎藤洋一　一九九七ａ　「一枚の古文書から(五) 旦那寺のない『ちょうり』」『しんかんあんない』第五五号、解放出版社
斎藤洋一　一九九七ｂ　「一枚の古文書から(八) 『庭掃・非人』の引っ越し」『しんかんあんない』第五八号、解放出版社
斎藤洋一　一九九八　「信濃の近世部落の人々の移住――佐久地方の事例を中心に――」『水と村の歴史』第一三号、信州農村開発史研究所
斎藤洋一　一九九九　「肩書が書かれていない文書――被差別民の抵抗か――」『水と村の歴史』第一四号、信州農村開発史研究所
斎藤洋一　二〇〇〇　「『えた』身分と一揆」(保坂　智編『民衆運動史１　一揆と周縁』青木書店)
斎藤洋一　二〇〇一　「支配領域を越える被差別民――信州の事例を中心に――」『佐賀部落解放研究所紀要』第一八号、佐賀県部落解放研究所
斎藤洋一　二〇〇三ａ　「長野県における明治前期の祭礼参加闘争」『信州農村開発史研究所報』第八五号、信州農村開発史研究所
斎藤洋一　二〇〇三ｂ　「近世の被差別民と医薬業・再考」『部落解放研究』第一五三号、部落解放・人権研究所
坂井康人　二〇〇二　「下野国の近世被差別民――宇都宮地方を中心にして――」『解放研究』第一五号、東日本部落解放研究所

坂本啓司　二〇〇一　「鳥取藩における被差別部落の地域的特色」『解放研究とっとり』第三号、鳥取県部落解放研究所
佐久市志編纂委員会編　一九九二　『佐久市志　歴史編(三)　近世』佐久市
「佐久の夜明け」編集委員会編　一九八二　『佐久の夜明け――部落の歴史と解放へのあゆみ――』佐久市教育委員会
佐藤泰治　一九九二　「越後の身分制度と渡守(中)」『解放研究』第五号、東日本部落解放研究所
信濃史料刊行会編　一九六一～六九　『信濃史料　一六～一九巻・補遺巻下』信濃史料刊行会
柴田道子　一九七二　『被差別部落の伝承と生活――信州の部落・古老聞き書き――』三一書房
下中邦彦編　一九七九　『日本歴史地名大系第二〇巻　長野県の地名』平凡社
鈴木ゆり子　二〇〇三　「万歳と春田打ち――近世下伊那の身分的周縁――」『飯田市歴史研究所　年報』第一号、飯田市歴史研究所
社会同和教育資料作成委員会編　一九八一　『須坂を中心にした史料による部落の歴史　近世編』須坂市教育委員会
墨谷勇夫　一九八三　「慶安・元禄年中の農村におけるかわたの地位――伊那谷のある一村の検地帳より――」『伊那』第三一巻七号、伊那史学会
高市光男　一九八三　「愛媛」(部落問題研究所編『部落の歴史――西日本篇――』部落問題研究所出版部)
高橋　啓　一九八三　「徳島」(部落問題研究所編『部落の歴史――西日本篇――』部落問題研究所出版部)
圭室文雄　一九八七　『日本仏教史　近世』吉川弘文館

塚田　孝　一九八七『近世日本身分制の研究』兵庫部落問題研究所
塚田正朋　一九八六『近世部落史の研究――信州の具体像――』部落問題研究所出版部
塚田正朋　一九八九「松本藩穢多頭旦那場条々解説」（部落問題研究所編『部落史史料選集第二巻』部落問題研究所出版部）
土屋雅憲　一九九六「享保十二年の宗門帳雛形」『信州農村開発史研究所報』第五八号、信州農村開発史研究所
寺木伸明　一九八六『近世部落の成立と展開』解放出版社
土井忠生・森田　武・長南　実編訳　一九八〇『邦訳日葡辞書』岩波書店
東部町誌編纂委員会編　一九九〇『東部町誌　歴史編　下』東部町誌刊行会
東部町教育委員会編　一九八〇『資料集　東部町の被差別部落』東部町教育委員会
長野県差別戒（法）名調査委員会編　一九八五『被差別部落の墓標――信州の差別戒名考――』部落解放同盟長野県連合会
長野県水平社創立七十周年記念行事実行委員会編　一九九四『人間に光あれ――長野県水平社創立七十周年記念誌――』長野県水平社創立七十周年記念行事実行委員会
長野県同和教育推進協議会編　一九七八『長野県の被差別部落の歴史と民俗（報告書）』長野県同和教育推進協議会
長野県同和教育推進協議会編　一九九四『あけぼの　人間に光あれ』長野県同和教育推進協議会
長野県同和教育推進協議会編　二〇〇〇『被差別部落のくらし（報告書）』長野県同和教育推進協議会

長野県編　一九七一〜八二『長野県史　近世史料編』全九巻、長野県史刊行会
長野県編　一九八八『長野県史　通史編　第五巻　近世二』長野県史刊行会
永原慶二監修　一九九九『岩波日本史辞典』岩波書店
奈良県教育委員会編　一九九四『部落問題学習の充実をめざして――『部落史の見直し』と教育内容の創造――』奈良県教育委員会
奈良県立同和問題関係史料センター編　二〇〇一『奈良の被差別民衆史』奈良県立同和問題関係史料センター
新高教「同和」教育推進委員会編　一九九七『いつの日か』新潟県高等学校教職員組合
西田かほる　二〇〇二「近世在地社会における芸能的宗教者」『歴史評論』第六二九号、歴史科学協議会
西田かほる　二〇〇三「近世の身分集団――信濃国における芸能的宗教者――」(高埜利彦編『日本の時代史15　元禄の社会と文化』吉川弘文館)
丹生谷哲一　一九八六『検非違使――中世のけがれと権力――』平凡社
丹生谷哲一　二〇〇五『身分・差別と中世社会』塙書房
原　滋　一九七六「近世奥信濃における『部落』差別の歴史(一)」『高井』第三八号、高井地方史研究会
原田伴彦・上杉　聰編　一九八四『近代部落史史料集成　第一巻』三一書房
原田伴彦編集代表　一九八六『編年差別史資料集成　第六巻』三一書房
東　栄蔵　二〇〇〇『大江磯吉とその時代――藤村『破戒』のモデル――』信濃毎日新聞社
樋口和雄　一九九九「身分規制に対する反論書作成の真相――幕末期、信州中野幕府領諸村の動向から――」『水と村の歴史』第一四号、信州農村開発史研究所

樋口和雄　二〇〇一　『信州の江戸社会――村や町の人間模様――』信濃毎日新聞社
被差別部落の歴史と民俗編纂委員会　一九九四　『小布施町における被差別部落の歴史と民俗』小布施町教育委員会
藤井寿一　二〇〇一　「近世前期三河地方の被差別諸民」（東日本部落解放研究所歴史部会報告資料）
藤沢靖介　二〇〇一　『部落の歴史像――東日本から起源と社会的性格を探る――』解放出版社
藤沢靖介　二〇〇五　「旦那場・勧進場に関する研究ノート」『水と村の歴史』第二〇号、信州農村開発史研究所
藤澤秀晴　一九八六　「鉢屋覚書」（後藤陽一・小林茂編『近世中国被差別部落史研究』明石書店）
部落解放文化遺産調査委員会編　一九八二　『信州の部落の遺産』部落解放同盟長野県連合会
部落問題研究所編　一九八八〜八九　『部落史史料選集』第一〜三巻、部落問題研究所出版部
古沢友三郎　一九八三　「木曽における〝部落〟の形態――山村代官支配の牢守の事例を通して――」『信濃』第三二巻三号、信濃史学会
細川潤次郎ほか編　一九七八　『古事類苑　法律部二』吉川弘文館
前　圭一　一九七六　「近世皮多の斃牛馬処理権――畿内とその周辺地域を中心に――」（西播地域皮多村文書研究会編『近世部落史の研究　上巻』雄山閣出版）
三浦圭一　一九九〇　『日本中世賤民史の研究』部落問題研究所出版部
水本正人　一九九六　『宿神思想と被差別部落――被差別民がなぜ祭礼・門付にかかわるのか――』明石書店
南王子村文書刊行会編　『大阪府南王子村文書　第五巻』部落解放研究所

峯岸賢太郎　一九九六　『近世被差別民史の研究』校倉書房
宮原武夫ほか著　一九九四　『高校日本史B』実教出版
望月町教育委員会編　一九七七　『望月の部落史』第三集、望月町教育委員会
望月町教育委員会編　一九八六　『望月の町民の歴史』第一〇集、望月町教育委員会
盛田嘉徳・岡本良一・森　杉夫　一九七九　『ある被差別部落の歴史』岩波新書
柳沢恵二　一九九六　『八重原村の部落の歴史　村の古文書から』私家版
山崎哲人　二〇〇三　「改名による身分差別」『佐久』第三八号、佐久史学会
山本英二　二〇〇三　「寛政三年信濃国松本藩大町組長吏組頭『永代留書帳』について」『信州大学人文学部人文科学論集』第三七号、信州大学人文学部
湯本軍一　一九六五　「天領中野陣屋における牢屋の存在形態」『信濃』第一七巻一二号（のち改稿して東日本部落解放研究所編『東日本の近世部落の生業と役割』明石書店、一九九四に収録）
横田冬彦　一九八八　「賤視された職人集団」（朝尾直弘ほか編『日本の社会史　第六巻』岩波書店）
吉田栄治郎　一九九六　「西日本の旦那場——大和を中心に」（全国部落史研究交流会編『部落史における東西』解放出版社）
和田　勉　一九九八　「芸能の民『さゝら』について——伊勢国を中心に——」『ふびと』第五〇号、三重大学歴史研究会
渡辺　広　一九六三　『未解放部落の史的研究』吉川弘文館

あとがき

数年前に私は、日本民衆文化史研究者として著名な先生から、斎藤がやっていることは「這い回る地域主義」で、それでは「天下国家の動きとの関連が見えなくなる」と、きびしいお叱りを受けました。本書も、これと同じお叱りを受けるのではないかと恐れています。

ご指摘のとおり、地域の研究も日本の動き、さらにはアジアの動き、世界の動きとの関連を見据えながら進めるべきだと思います。その点が弱いといわれれば甘受せざるをえません。しかし、地域の歴史をできるかぎり正確に把握することも大事なことではないでしょうか。これによって部落史が、よりたしかなものになると思われるからです。

そうしたことから私は、これからも「這い回る地域主義」に徹したいと思っています。被差別部落の歴史を知りたいと願っている地域の人びとに、少しでも応えたい、そのためには「まだまだ這い回り方が不十分だ」と痛感しているからです。そして、同じような思いで、各地で地道に研究を進めておられる方々と情報や意見を交換しあい、部落史をよりたしかなものにする、その一端を担うことができたらと思っています。

さて本書は、そのような思いでこの一五年ほどの間に発表した、次の拙稿を中心にまとめたものです。

第一部一章　「近世信濃の『庭掃』について」『解放研究』第一一号、東日本部落解放研究所、一九九八
第一部二章　「中山道小田井宿旅籠屋『無宿』捕り物一件」『信濃』第四三巻二号、信濃史学会、一九九一
第一部三章　「小諸藩における『敲』刑の始まりと被差別民」『水と村の歴史』第七号、信州農村開発史研究所、一九九一
第一部四章　「信州の近世部落の斃牛馬処理」『水と村の歴史』第一九号、信州農村開発史研究所、二〇〇四
第二部一章　「近世部落の人々の居住地について――佐久地方の事例を中心に――」『もちづき人権通信』第九号、望月町教育委員会、二〇〇〇
第二部二章　「『賤民制廃止令』と長野県の被差別部落」『水と村の歴史』第一七号、信州農村開発史研究所、二〇〇二
第二部三章　「信州の近世部落の旦那場」『解放研究』第一七号、東日本部落解放研究所　二〇〇四

拙稿を発表したさいに、種々ご教示・ご援助いただいたみなさまにあらためて感謝申し上げます。

ただし、本書に収録するにあたって、構成を変えたり、重複しているところを削ったり、不十分なところを補ったりなどしました。また、本書は歴史書ですから、引用史料は原文を掲げるべきだというご

意見もあるかと思いますが、多くの人に本書を読んでもらいたいという思いから、引用史料はすべて読み下しに改めました（引用文献中の史料も一部読み下しにさせていただきました）。そのさい、あて字を正しい字に直したり、漢字の「壱」を「一」、「弐」を「二」にあらためるなどしましたので、元の史料をごらんになりたい方には、右の拙稿をごらんいただきたいと思います。同じく読みやすくしたいという理由で、引用文献の注記も簡略にさせていただきました。これもくわしくは、右の拙稿をごらんいただければと思います。

なお、引用史料は飛ばして読んでいただいても文意は通じるようにしたつもりですが、ぜひ史料もお読みいただきたいと思っています。それによって私が書いていることの当否を検討していただくことができるだけでなく、新たな問題が発見されるかも知れないからです。

本書をまとめる過程で、ここはもっと調べなければならなかったとか、この問題を加えなければならなかったと思うことがいくつかありました。本来ならそれをはたしてから本書を出版すべきでしょうが、そうしていると、私の性格からいつまでたっても本ができない恐れがあります。そこで、それは今後の課題として本書を出版することにしました。また、私が気づいていない不備も多々あることと思います。お気づきのことなど、ご教示いただけましたら幸いです。

とはいえ、本書ができあがるまでには、多くの方々からご教示・ご援助をいただきました。いつも快く所蔵文書を閲覧させてくださる史料所蔵者のみなさま、貴重な研究成果を使わせていただいた故塚田正朋さん・尾崎行也さんをはじめとする先学のみなさま、部落差別について種々ご教示いただいている部落解放同盟長野県連合会の竹之内健次委員長・山崎茂書記長をはじめとするみなさま、「人権センターながの」の中山英一代表をはじめとするみなさま、常日頃お世話になっている旧浅科村のみなさま（浅科村は本年四月一日に佐久市・臼田町・望月町と合併して佐久市となりました。現在は佐久市のみなさまのお世話になっています）、研究会などでご教示いただいている東日本部落解放研究所をはじめとする各地研究所・研究機関・博物館のみなさま、そして私のよりどころである信州農村開発史研究所の川向秀武所長をはじめとするみなさまと五郎兵衛記念館のみなさまに、心より感謝申し上げます。

私は近年、信州大学・茨城大学・学習院女子大学・学習院大学で非常勤講師をさせていただきました。その機会を与えてくださった各大学の先生方と、熱心に受講し、さまざまなご質問・ご意見をお寄せくださった受講生のみなさまにも感謝申し上げます。おかげで考えを整理したり、深めることができました。

藤沢靖介さん・高野清雄さん・高橋典男さんは、ご多忙にもかかわらず本書の原稿に目をとおしてくださり、貴重なご意見をお寄せくださいました。とくに藤沢さんからは、本書の組み立て方から細部にいたるまで懇切にご教示いただきました。私の非力から、そのすべてに応えることはできませんでしたが、それは今後の課題とさせていただきます。ありがとうございました。

同成社の山脇洋亮さんは、本書の出版を勧めてくださり、種々アドバイスしてくださいました。そのうえ、原稿ができあがるのを辛抱強くお待ちくださいました。すでに発表した原稿を元にまとめるのだから、それほど時間はかからないだろうと思っていましたが、とんでもないことでした。お詫びと感謝を申し上げます。

勤務の関係で、夜と休日が私のおもな研究時間になります。そのため家のことや子どものことはほとんど妻・秀子にまかせきりです。秀子にも感謝したいと思います。

ところで、それぞれのお立場で部落差別をなくすために尽力されるとともに、私を見守り、育ててくださった方々が、この数年の間にあいついで他界されました。奈良本辰也さん・太田美明さん・中村拡三さん・狩野俊猷さん・市川育英さん・大石慎三郎さん、そして部落解放同盟浅科支部の昭之助さん・則夫さん・今朝男さん・篤治さん、中条支部の百代さんです。これらの方々の御霊前に、感謝をこめて本書をささげさせていただきたいと存じます。

二〇〇五年九月

斎藤洋一

被差別部落《ひさべつぶらく》の生活《せいかつ》

著者略歴

斎藤洋一（さいとう・よういち）

1950年　千葉県に生まれる。
1977年　学習院大学大学院人文科学研究科史学専攻修士課程修了。
現　在　佐久市五郎兵衛記念館学芸員。
　　　　(財)信州農村開発史研究所主任研究員。
主要著作
『五郎兵衛新田と被差別部落』三一書房，1987年『身分差別社会の真実』講談社現代新書，1995年

2005年10月30日発行

著　者　斎　藤　洋　一
発行者　山　脇　洋　亮
印刷者　㈱　協　友　社

発行所　東京都千代田区飯田橋 4 - 4 - 8　東京中央ビル内　㈱ 同 成 社
TEL　03-3239-1467　振替　00140-0-20618

ISBN4-88621-336-7 C3321